딱 맞게 풀어쓴
국부론

딱 맞게 풀어쓴

국부론

한정석

The Wealth of Nations

차례

책머리에 _11
일러두기 _14

제1부 왜 〈국부론〉인가   15

지금 〈국부론〉을 읽어야 하는 이유 _17
〈국부론〉의 영향과 의의 _21

제2부 〈국부론〉 이해를 위한 10개의 키워드   25

부: 부의 진정한 의미는 '교환가치' _27
국부: 국가가 아니라 개인들이 가진다 _28
자본: 저축이 없다면 자본도 없다 _29
자본가: 당신도 자본가다 _29
화폐: 보증하는 교환가치가 있다면 모두 화폐다 _30
이자: 자본에 걸려있는 시장의 마법 _32
임금: 생산적 노동의 교환가치 _33
지대: 갖고만 있어도 수익이 나는 이상한 자산 _34
Self interest: 누구나 자신을 위해 일한다 _35
분배: 생산에 기여한 대가 _36

제3부 〈국부론〉 해제   39

제1장 _ 41
노동 생산력 개선과 생산물이 국민 계층에 자연적으로 분배되는 질서

분업에 대하여 _42

분업이 발생하는 원리 _44

분업은 시장의 크기에 의해 제한된다 _46

화폐의 기원과 사용 _48

노동의 가격과 화폐가격에 대하여 _50

상품가격의 구성에 대하여 _53

상품의 자연가격과 시장가격에 대하여 _53

노동임금에 대하여 _56

자산이윤에 대하여 _59

여러 용도에서의 임금과 이윤에 대하여 _61

지대(땅값)에 대하여 _64

제2장 _ 67
자산의 성질·축적·용도에 대하여

자산의 분류 _68

국민자본 유지비용에 대하여 _70

생산적 노동과 비생산적 노동에 대하여 _75

대여된 자산(자본)의 이자에 관하여 _78

자본의 각기 다른 사용에 대하여_81

제3장 _ 85
서로 다른 나라들 간에 부유함의 발전에 대하여

부유함의 자연적 발전에 대하여 _85

로마제국의 몰락 후, 고대 유럽의 농업부진에 대하여 _86

로마제국의 멸망 후, 도시의 흥기와 발전에 대하여 _88

도시의 상업은 시골을 어떻게 발전시켰나 _89

제4장 _ 92
정치경제의 체계들에 대하여

상업적 또는 상업적 체계의 원리 _93

국내 생산이 가능한 재화의 수입제한 _94

무역에 대한 오해와 편견 _96

세금의 환급 _99

보조금과 통상조약 _100

식민지와 중상주의 _102

제5장 _ 106
주권자 또는 국가의 수입에 대하여

주권자 또는 국가의 비용 _107

공공수입(세금)과 공채 _111

제4부 〈국부론〉에 비춰본 현대경제   115

제1장 _ 120
자본주의에 대한 오해와 증오

마르크스 자본론의 오류 _120

〈국부론〉과 신자유주의에 대한 오해 _124

자유방임의 진정한 의미 _127

제2장 _ 131
늘어나는 국가지출, 비대한 정부의 모순

규제의 확산과 반기업 정서 _133

경제민주화의 오류 _135

생산적 노동과 생산적 자본의 부족 _137

제3장 _ 140
교육혁신의 부재와 휴먼 캐피털의 부족

제5부 애덤 스미스의 사상과 남은 숙제   143

애덤 스미스는 누구인가 _145

애덤 스미스의 사상, 스코틀랜드 계몽주의 _146

〈국부론〉의 보이지 않는 손은 신(神)의 손인가? _147

참고 문헌 _150

책머리에

『딱 맞게 풀어쓴 국부론』은 경제학의 기초가 없거나, 경제학에 대한 기초는 있지만 시장경제의 원리를 좀 더 직관적으로 이해하기 원하는 사람들을 위해 쓰였다. 또한 1천 페이지가 넘는 방대한 분량의 〈국부론〉에 대해 예비적 지식을 얻고자 하는 사람들에게 도움이 될 것이다. 따라서 이 책은 가능한 〈국부론〉 전체를 개괄하면서 이를 해제하고 그 의미를 현실에 비추어 해석해 보는데 의미가 있으며 어느 정도의 집중을 요구한다. 원리(principle)에 대한 개념 설명을 피할 수 없기 때문이다.

경제기사를 읽을 때마다 우리는 항상 익숙한 용어들과 만난다. 가격, 자본, 시장, 화폐, 금리, 임대료, 급여, 이익과 같은 것들이다. 그 뜻을 우리는 다 알고 있는 것 같지만, 정작 설명해 보라고 하면 쉽지 않다. 자본이란 정확히 무슨 뜻일까. 자본은 돈일까, 아니면 기계나 설비 같은 것일까. 화폐는 어떻게 생겨난 것일까. 최초로 만든 사람이 있는 걸까. 내 월급은 어떠한 과정을 거쳐 결정되는 것일까. 이 책을 펴들었다면 아마도 이런 문제들에 한 번쯤은 관심을 가져 보았으리라.

우리는 자본주의 시장경제라는 바다에서 헤엄치는 물고기와 같은 존재이지만, 정작 바다가 갖는 속성에 대해서는 아는 것이 없거나 안다고 하더라도 부정확한 것이 보통이다. 더군다나 경제학을 공부해보려 해도 이것은 쉬운 일이 아니다. 수많은 그래프들과 공식들을 마주하는 순간, 머리가 지끈거리기 시작할 테니 말이다. 딱딱하고 생경한 용어들 투성이인 경제원론을 경제학도가 아닌 사람이 독학으로 이해하는 것은 거의 불가능하다. 하지만 경제라는 것은 알고 보면 매우 당연하고 자명한 원리들로 구성되어 있다. 시장경제 원리는 우리가 의식하고 있지 않더라도 누구나 본능적으로 인지하고 활용한다.

그 원리들은 마치 자동차를 운전하는 이가 교통법규나 자동차의 구조를 머릿속에 넣고 있지 않더라도 직관적으로 상황을 파악해 사고 없이 운전을 하게 되는 이치와 같다. 그것은 운전자가 다른 차들에 대해 관심이 있는 것이 아니라, 자신이 가고자 하는 목적지와 안전에만 관심이 있기 때문이다.

애덤 스미스는 그런 이치를 〈국부론〉에서 Self interest(자기관심)와 Invisible hand(보이지 않는 손)의 원리가 빚는 자연적 사회질서의 원리로 설명한다. 애덤 스미스는 '우리가 저녁 식사를 할 수 있는 것은 빵집 주인이나 푸줏간 주인이 우리의 식탁을 걱정해 주는 자비심 때문이 아니라, 그들이 각자 자신의 생업인 자기 일에 관심이 있기 때문'이라는 것이다. 그러한 각자의 자기 관심은 이기적(Selfish)인 것이 아니라, 자신의 이해관계에 관심을 가진 자리(自利)적인 것이라 할 수 있다. 이처럼 애덤 스미스는 각자 자신의 이해관계라는 사익의 추구가 전체적인 조화를 이루어 공익에 이바지한다는 사실을 발견하고 그러한 섭리를 '보이지 않는 손'(Invisible hand)이라고 표현했다. 다시 말해 우리는 자신이 필요한 것을 스스로 생산하지 않아도 서로에게 필요한 것을 제공하는 대가로 자신이 필요한 것을 얻는 시장적 교환 시스템에서 살고 있다는 것이다. 이제 200여 년 전 애덤 스미스가 발견한 세계를 하나씩 따라가 보기로 하자. 책장을 덮을 즈음에는 자신도 모르는 사이 탄탄한 경제적 지식을 얻을 수 있게 되길 기대하면서.

일러두기

이 책은 〈국부론〉에 대한 해제와 함께 그 내용을 요약 설명하는 식으로 구성되어 있다. 따라서 〈국부론〉의 내용을 설명하는 부분과 인용의 해석은 2007년 등록된 MetaLibri Digital Library의 영문판과 2011년 Project Gutenberg Digital판을 참조했음을 미리 밝혀 둔다.

이와 함께 각 장의 제목은 〈국부론〉, 동서문화사, 유인호 역, 2015년판을 참조했음을 밝혀 둔다. 아울러 별도의 각주는 생략하고 참고문헌으로 갈음한다..

제1부

왜 〈국부론〉인가

지금 〈국부론〉을 읽어야 하는 이유

　1776년에 쓰여진 〈국부론〉은 사회에 개인들의 부가 어떻게 창출되며, 어떤 과정을 통해 축적되고, 이를 통해 어떻게 번영이 이뤄지는가에 대해 고찰한 책이다. 따라서 〈국부론〉은 오늘 우리가 자본주의라고 부르는 시장경제 체제에 대해 그 원리와 본질을 설명한 책이라고 할 수 있다. 하지만 〈국부론〉은 단지 여기에 그치는 것이 아니라, 인간이 가진 욕망과 합리, 그리고 도덕의 문제를 다루는 책이기도 하다. 따라서 〈국부론〉은 근본적으로 인간에 대한 성찰을 담은 책이라 할 수 있다.

　〈국부론〉을 쓴 애덤 스미스(1723~1790)는 시장경제를 처음 이해한 사람은 아니었지만 그는 우리의 경제생활에 큰 영향을 끼쳤다. 무엇보다 애덤 스미스를 위대하게 만든 것은 그의 놀라운 통찰력이었다. 그는 시장이 어떻게 작동하는가에 대해 사람들의 자발적 참여가 자연스러운 질서를 형성하게 된다는 사실을 발견하고 이를 '보이지 않는 손'(Invisible hand)이라고 불렀다. 사람들은 세상이나 타인을 이롭게 하려는 의도 없이 각자 자신의 이익에 집중하는 과정에서 공익과 조화를 이루게 된다는 것이다. 애덤 스미스는 그러한 상업적 질서가 인간에게 주어진 이기심과 함께 타인의 불행과 정의를 지키려는 도덕적 본성이 빚어내는 자연적인 것으로 보았다. 즉 개개의 국민성과는 관련이 없다는 것이다.

애덤 스미스는 그러한 원리에 대해 "유럽의 모든 나라에서 네덜란드인들이야 말로 가장 상업적인 동시에 가장 세상에 대해 신뢰를 갖고 있는 이들이다."라는 말로 설명하며 "영국인들이라고 해서 그들과 다를 것은 없다"고 말한다. 애덤 스미스는 "상업적 거래가 많은 나라의 국민들일수록 그렇지 않은 나라의 국민들보다 더 부지런하며, 정확하고 믿을만하다"는 말로 시장경제 시스템이 그 자체로 도덕적임을 설명해 냈다.

〈국부론〉은 18세기 말에 쓰여진 이후 서구 세계를 비약적인 경제성장으로 이끄는 지도서로서의 역할을 했다. 다시 말해, 이 책은 무려 200여 년간 '경제의 바이블'로써 수많은 정치가, 기업가, 행정가들의 지침서이자 교과서로서 활용되어져 왔던 것이다. 그리고 〈국부론〉은 뛰어난 경제학자들로부터 그 진가를 여전히 인정받고 있다.

오늘날 자본주의 시장경제를 채택하고 있는 나라들의 경제정책과 공공행정, 교육, 조세, 무역 등등의 모든 영역은 사실 〈국부론〉이 말한 원리에 입각해 있다고 할 수 있다.

1982년 산업조직론으로 노벨경제학상을 수상한 미국의 경제학자 조지 스티글러(George Stigler)는 〈국부론〉에 대해 "모든 경제학에 있어 가장 중요하고 실질적인 명제를 가진 책"이라고 평가했다. 그는 또 "경제조직의 근본적인 원리를 설명한 책"이라고도

했다. 이보다 앞서 '현대 경제학의 아버지'라는 칭송과 함께 1970년 미국인 최초로 노벨경제학상을 수상한 폴 새뮤얼슨(Paul Samuelson)은 〈국부론〉의 임금과 지대, 이윤의 이론을 수리적 모델로 해석하고 여기에 케인스 경제학을 접목해 신고전파종합이라는 경제학의 새로운 지평을 열었다. 새뮤얼슨은 400만권이 넘게 팔린 경제학 교과서 <이코노믹스(Economics)>의 저자이기도 하다.

1991년 '거래비용'의 개념을 도입해 시장실패가 발생해도 정부개입이 불필요하다는 '코스정리'로 노벨 경제상을 수상한 영국의 경제학자 로널드 코스(Ronald Coase)는 "애덤 스미스의 〈국부론〉이 미국독립혁명 이전에 출간되었다면 1775년 미국 독립은 없었을 것이며 우리 미국인들은 애덤 스미스를 '건국의 아버지들(Founding Fathers)' 가운데 한 사람으로 기리고 있을 것"이라고 평가했다. 애덤 스미스는 〈국부론〉에서 당시 영국 식민지였던 미국에 자치권을 허용하고 물품세를 폐지하는 대신 모국인 영국의 독점무역을 중단하고 자유무역을 확대해야 한다고 주장했다.

〈국부론〉은 현대 경제학의 원천이자 고전일 뿐만 아니라, 우리가 자본주의 시장경제라는 세계 속에서 살아가는데 그 원리와 방향을 제시해 주는 책이다. 따라서 경제학에 대한 전문지식이 없는 이라도 〈국부론〉을 통해 시장경제 원리를 근본적 차원에서 이해할 수 있다. 그러한 이해를 갖춘 이와 그렇지 않은 이의 세계에는 커다란 차이가 존재한다. 즉 세상을 살아가는데 있어서 성공적인 삶의 바탕이 되는 세계관을 갖느냐, 아니냐의 문제가 되기 때문이다. 아울러 세계적 불황이 심화되어 가는 21세기 초입에 애덤 스미스의 〈국부론〉은 우리에게 무엇이 문제인지를 명확하게 보여준다. 〈국부론〉은 지금 우리가 무엇을 해야 하는지에 대한 성찰을 준다고 하겠다.

〈국부론〉의 영향과 의의

1776년에 출판된 〈국부론〉은 총 5편으로 1천 페이지가 넘는 방대하고도 실증적인 경제원리와 역사, 고증의 내용을 담고 있는 책이다. 여기에 200년도 넘는 18세기의 시대적 상황을 담고 있는 책이어서 웬만한 독자들과 경제학도들도 전체의 내용을 독파하고 이해하기는 쉽지 않다.

애덤 스미스의 〈국부론〉의 제목은 'Wealth of Nations'이다. 많은 이들은 이 책이 한 국가의 부(富)를 다루는 책이라고 착각하기 쉽지만, 사실 〈국부론〉은 국가의 부가 아니라 개인들의 부가 어떻게 형성되는지를 고찰한 책이다.

애덤 스미스는 〈국부론〉에서 항상 Country라는 말을 사용한다. Nation이라는 단어는 제목 외에는 거의 등장하지 않는다. Country의 개념은 인간이 거주하며 문명을 일구는 터전의 개념이라 할 수 있다. 그런 터전에서 정치, 사회, 역사, 언어, 경제의 정체성을 공유한 사람들을 우리는 Nation이라고 부르며, 이는 민족국가라는 개념으로 번역되어 왔다. 따라서 〈국부론〉은 한 정치 공동체의 사람들이 어떻게 부를 창출하고 이를 축적해서 번영된 사회로 나아가는지를 고찰한 책이다.

애덤 스미스는 〈국부론〉을 통해 당대의 사람들이 국부의 원천이라고 믿었던 화폐의 보증수단, 즉 금과 은이 사실은 국부의 원천이 아니며, 가치를 창출하는 생산적 노동과 생산적 자본이 국부의 본질이라는 점을 명확하게 밝혔다. 이는 당시 유럽 국가들마다 금과 은을 확보하기 위해 독점무역과 보호무역을 장려하던 중상주의를 전면적으로 비판하는 내용이어서 일대 센세이션을 불러왔다. 아울러 영국의 식민지 정책을 비판하고 노예해방을 주장했던 이유로 초기에는 많은 비판과 반대도 있었다. 하지만, 시간이 흐를수록 〈국부론〉의 내용은 영국 정치인들과 지식인들 사이에서 공감을 불러일으켰고, 영국의 경제정책에 변화를 가져왔다. 이로 인해 애덤 스미스는 말년에 매우 유명해졌다.

〈국부론〉에서 애덤 스미스가 주장했던 핵심적 명제는 '사익을 추구하는 인간의 이기심은 그의 의도와 관계없이 생산적 활동을 하는 한, 공익과 조화를 이루고 그 사회에 풍요를 가져온다'는 것으로 압축될 수 있다. 여기에는 그 유명한 '보이지 않는 손'의 작동이 있다는 것이다.

애덤 스미스의 이러한 주장은 경제학자뿐만 아니라, 수많은 철학자, 사회학자, 인류학자, 정치학자, 법학자들의 연구대상이 되어 왔다. 이러한 애덤 스미스의 주장은 사실 그의 도덕철학의 원리에서 바탕한 것이다. 많은 연구가들은 애덤 스미스의 〈국부론〉 속에 담긴 원리들이 그가 '도덕감정의 연대'로써 파악한 공정한 관찰자의 공감에 기반하고 있다는 생각을 갖고 있다. 즉 인간에게는 이기심 외에도 타인의 불행을 슬퍼하고 행복을 기뻐하는 이타심이 존재하기에 시장경제와 사회의 질서는 내버려 두어도 자연스럽게 공동선(common good)이 이뤄진다는 뜻이다. 이 부분에 대해서는 여전히 많은 연구들과 논의들이 전개되고 있다.

이처럼 애덤 스미스의 〈국부론〉은 단지 물질세계의 이해를 넘어 인간이 가진 도덕률의 원리와 사회조직의 원리 차원에서 초월적이며 완전성에 가까운 명제를 남겼다. 그러한 〈국부론〉은 20세기 들어 세계 대공황과 유효수요를 통한 정부지출을 주장한 케인스 경제학에 가려져 한때 그 빛이 바랬으나, 1980년대 미국 레이건 정부와 영국 대처정부의 자유주의 경제정책에 의한 세계경제회복으로 〈국부론〉은 다시 그 가치를 인정받기에 이르렀다.

제2부

〈국부론〉 이해를 위한
10개의 키워드

부(wealth)
_부의 진정한 의미는 '교환가치'

우리는 흔히 돈이 많은 사람을 부자라고 부른다. 또 부동산과 같은 재산이 많은 이들도 부자라고 부른다. 하지만 애덤 스미스는 그러한 것을 부(富)라고 여기는 것은 착각이라고 말한다.

애덤 스미스에 의하면 한 사회의 부는 자산(stock)이 아니라, '자본과 노동에 의해 생산되어 교환될 수 있는 가치'이다. 좀 까다로운 개념이지만, 쉽게 설명될 수 있다.

만일 어떤 이에게 100억 원 정도의 현찰이 있다면 우리는 그를 부자라고 주저 없이 부를 수 있을 것이다. 하지만 그 부자가 100억 원을 창고 안에 넣어 두고 쓰지 않는다면, 그것은 부(wealth)의 개념이 아니라 〈국부론〉에서 말하는 '돈다발(money stock)'에 지나지 않는다. 100억 원 짜리 빌딩을 소유하고 있어도 그 빌딩을 공실로 두고 있다면 그것은 부가 아니라, 그저 부동산 스톡의 개념이다. 애덤 스미스는 '부'란 자산(stock)이 아니라, 자산 가운데 자신이 사용하지 않고 이익을 얻기 위해 생산의 수단이 된 것, 즉 자본(capital)화를 거쳐 노동과 결합되어 생산되고 교환되며, 분배되고 소비될 수 있는 부가가치의 개념이다. 그러한 부가가치가 당해에 모두 소비되지 않고 저축되어 다시 자본화되면, 이에 대해 '부의 증가가 이뤄졌다'고 할 수 있다. 따라서 모든 부의 축적과 증가는 한 사회의 자산이 얼마나 소모되지 않고 자본화되느냐에 달려 있다고 할 수 있다.

국부(國富)
_국가가 아니라 개인들이 가진다

〈국부론〉에서 말하는 국부(wealth of nation)의 개념은 한 국가의 부(wealth of country)가 아니라, 그 나라의 국민들, 즉 생산에 참여하고 있는 개인들이 영토내에서 창출한 부의 집합적 개념이다. 이는 GDP(국내총생산)개념으로 이해할 수 있다. 따라서 Wealth of nation에서 nation은 국가(country, state)개념이 아니라, 국민들을 가리키는 개념이다. 부와 자본은 어느 나라에든 존재한다. 중국의 국가 GDP 전체가 싱가포르보다 크다고 해서 중국 국민들이 싱가포르 국민들보다 잘 산다는 의미가 아니다. 결국 한 나라의 국부는 국민 개개인들이 창출한 부의 합을 넘어서지 않는다. 따라서 국부는 국가가 창출하는 부의 개념이 아니라, 한 국가에서 개인들이 창출하는 부를 의미한다.

자본

_저축이 없다면 자본도 없다

〈국부론〉에서 말하는 자본은 우리가 상식적으로 생각하는 자본의 개념과는 차이가 있다. 흔히 우리는 자본을 화폐적 개념으로 생각하는 경향이 있지만, 〈국부론〉에서 자본은 자산 가운데 수익을 기대하며 저축된 부분을 의미한다. 돈다발을 창고에 쌓아두면 자산이 되지만, 그 돈다발을 은행에 넣어 이자를 받거나, 그것으로 땅을 사서 건물을 지어 팔겠다면 자본이 된다. 따라서 자본은 항상 수익을 기대한다. 그것을 이윤이라고 하며, 이윤의 정도는 자본의 가치를 반영해 이윤율로 표시되며 이는 이자율로 평가된다. 즉 자기 사용 목적의 자산은 증식성이 없지만 자본은 수익에 따른 자기 증식성을 갖는다.

자본가

_당신도 자본가다

자본가는 자신의 자산(stock)을 쓰지 않고 저축한 부분으로 수익을 얻으려는 사람이다. 따라서 자본가는 언제나 저축을 통해 등장한다. 만일 어떤 주부가 가족이 더 이상 입지 않는 옷들(stock)을 버리거나 기증하지 않고 그것을 벼룩시장에 갖고 나가 필요한 물품과 바꾸거나 팔려 한다면 그 주부는 자본가가 된다. 따라서 모든 자본가는 자본으로 수익을 얻으려는 상인이자 기업가가 된다. 이는 자본이 돈을 버는 것이 아니라, 자본을 가진 이가 기업가 정신으로 돈을 버는 것이다. 따라서 자본가들 중에도 수익을 내지 못하는 자본가들이 있기 마련이다. 타인의 자본을 빌려 그것으로 수익을 내려는 이도 자본가라 할 수 있다. 애덤 스미스는 자본가들도 이윤을 저축하지 않고 자기를 위해 쓰면 그 부분은 즉시 자본에서 사라져 자산으로 편입된다고 말한다. 자산 그 자체는 부를 창출하는 요소가 아니다.

화폐
_보증하는 교환가치가 있다면 모두 화폐다

〈국부론〉에서 말하는 화폐는 두 가지 종류가 있다. 자연적인 교환의 매개로써 등장한 고대의 물품화폐와 자산 또는 자본이 서로 교환되기 위해 유동화된 화폐(note)가 그것이다. 고대에서 발생한 물품화폐는 처음에는 소금이나 옷감 같은 것이었다가 내구성과 가치 안정성을 위해 귀금속이 됐다. 그러자 금속 화폐를 제조해서 파는 골드스미스들이 생겼다. 그들은 귀금속을 동전으로 주조해 팔고 다른 상품을 받았다. 그러한 화폐에는 청구권이 없고, 오로지 귀금속의 가치가 화폐의 기준이 된다. 이렇게 되면 누구든 귀금속을 가진 이는 화폐를 만들어 팔 수 있게 된다. 하지만 꼭 귀금속이 화폐의 가치를 보증할 필요는 없다. 시장에 참가한 이들이 서로 교환가치가 있다고 생각하는 자산은 모두 화폐의 가치를 보증할 수 있다. 애덤 스미스는 18세기 유럽의 중상주의가 착각하고 있는 사실, 즉 부의 원천이 화폐를 발행할 수 있는 금과 은에 있다는 생각을 통렬히 비판한다. 애덤 스미스는 화폐란 교환가치가 있는 자산이나 자본의 가격을 표시하는 것이라 본 것이다. 따라서 화폐는 반드시 금은과 같은 귀금속에 의해 보증되어야 하는 것이 아니며, 모든 교환가치가 있는 자산이나 자본을 청구적 담보로 해서 가치가 없는 종이 위에 적어도 화폐가 될 수 있는 것이다. 이 생각은 당시에 혁명적이었다. 쓸데없이 금과 은을 확보하려 식민지들을 만들고, 해외금광을 찾아 나서고, 국내 금과 은의 유출을 막기 위해 독점과 보호무역 규제를 할 이유가 없기 때문이었다. 오늘날 애덤 스미스의 생각은 아무런 교환청구권이 없는 현대 국가들의 법정화폐가 무슨 교환가치를 보증하는지 의문을 낳게 한다.

이자

_자본에 걸려있는 시장의 마법

〈국부론〉에서 말하는 이자는 자본, 즉 자신을 위해 쓰지 않고 남겨서 수익을 얻고자 하는 자본의 사용료적 개념이다. 따라서 〈국부론〉의 이자는 반드시 화폐로 지불되는 것만은 아니고, 자본을 이용해 수익을 얻으려는 이에게 가치가 있는 것이면 모두 이자가 된다. 애덤 스미스의 시대에는 여전히 이자에 대한 터부적 개념이 있었다. 그것은 중세로부터 시작된 교회에서 이자를 금지하는 도덕률과 함께 화폐 그 자체는 가축이나 곡식과는 달리 아무런 자연증식력이 없기에 이자를 발생시킬 수 없다고 보았기 때문이다. 하지만 애덤 스미스는 자신의 자산과 자본의 개념으로부터 이자는 타인의 자산이나 자본을 이용해서 수익을 얻는 것이기에 당연히 사용료라는 개념으로 정당화되어야 한다고 주장한다. 스미스는 정부가 고리대를 막겠다고 이자율 제한을 시중 최저 이자율보다 낮게 규제하면, 실질적으로 자본이 공급되지 않아 부를 창출할 수 없다고 보았다.

임금

_생산적 노동의 교환가치

　우리는 임금이 노동의 대가라고 생각하지만, 애덤 스미스는 〈국부론〉에서 임금은 '생산적 노동'의 대가로 보았다. 이 관점은 대단히 중요한데, 스미스는 〈국부론〉에서 생산적 노동과 비생산적 노동을 구분 한 후, 임금을 '상품의 교환가치를 만드는 노동가치'로 파악했다. 따라서 임금은 자본가(기업가)가 상품을 시장에서 팔고 그 대가로 자본의 이윤과 함께 회수되는 노동가치로서, 자본가가 노동자에게 선불로 지급한 부분이 된다. 따라서 자본가는 비생산적 노동자를 많이 고용하면 할수록 손실을 입게 된다. 그렇다면 충분히 생산적인 노동이 이뤄짐에도 자본가의 무능으로 이윤을 얻지 못한다면 어떻게 될 것인가. 애덤 스미스는 〈국부론〉에서 노동자가 생산적인 노동을 하는 한, 즉 시장에서 상품의 이윤으로 회수될 만한 노동가치를 갖고 있는 한, 그 노동자는 자신의 고용을 유지할 수 있다고 말한다. 즉 그러한 생산적 노동자는 다른 자본가도 탐내는 존재가 되는 것이다.

　〈국부론〉의 이러한 설명은 이 책 〈국부론〉 해제 부분에서 다시 설명을 하겠지만, 기업의 인수합병 시에 고용승계가 결국 생산적 노동자의 순서로 이뤄진다는 이해를 제공한다. 아울러 애덤 스미스는 자본들이 몰려 경쟁하는 곳에서는 자본가의 이윤율은 하락하지만, 노동자의 임금과 고용은 늘어난다고 설명한다. 이는 우리의 즉각적인 이해와는 다를 수 있지만, 원리상으로는 스미스의 주장이 옳다. 그것은 이 책에서 따로 설명한다.

지대(rent)
_갖고만 있어도 수익이 나는 이상한 자산

우리는 토지를 이용해 생산을 할 때 그 이용료로 지불하는 임차료를 지대라고 생각한다. 물론 틀린 생각은 아니지만, 〈국부론〉에서 말하는 지대는 그 이상의 개념을 갖고 있다. 지대와 이자의 성격은 비슷한 것 같지만 본원적인 차이가 있다. 즉 이자가 자본을 이용하는 대가라고 한다면 한 사회에서 자본은 자산에서 비롯되기에 만일 이자율이 낮아서 차라리 자신이 사용하는 것이 낫다면 자본은 즉각 자기이용 자산으로 편입된다. 하지만 토지의 경우, 그 수급의 변동은 자본과는 다르다. 어떤 땅 주인이 넓은 토지를 갖고 있을 경우, 임대 수익이 적어 마음에 들지 않는다고 자신이 그 토지를 즉각 자신을 위해 사용하기는 어렵다. 그렇기에 토지의 사용은 자본의 사용과는 다른 성격을 갖는다. 다만 자본을 가진 이의 경우 그 자본으로 토지를 임대할 수도 있지만, 토지를 자본과 교환해서 직접 생산에 사용할 수도 있다. 그렇기에 토지의 임대료는 자본의 이자율과 밀접한 관계를 갖는다. 아울러 지대는 단순한 토지 임대료를 넘어 경제적 지대(Economic rent)라는 개념으로도 확대된다. 공급의 비탄력성으로 그저 보유하기만 해도 가치가 주어지는 소유의 개념이 그것이다. 이는 각종 면허나 독점, 규제와 같은 자유로운 경쟁을 제약하는 원천으로 등장한다. 그러한 경쟁제한을 통해 이익을 추구하는 행동을 '지대추구'라고 한다.

Self interest
_누구나 자신을 위해 일한다

〈국부론〉을 이해하기 위한 중요한 개념 중에 하나로 Self interest가 있다. 애덤 스미스의 이 개념은 한국어로 정확하게 그 의미를 전달하기 어려운데, 이는 〈국부론〉의 철학적 배경이 된 애덤 스미스의 도덕철학의 독특함 때문이다. 흔히 Self interest를 이기심(selfish)으로 번역하는 사례가 많지만, 올바른 해석이 아니다. 애덤 스미스의 Self interest는 자신의 행복을 추구하는 개인의 '자아실현'적 차원에서 이뤄지는 자기 이익에 대한 관심에 가깝다. 예를 들어 시험을 앞둔 수험생이 타인보다 좋은 성적을 얻기 위해 동료의 공부를 방해하고자 한다면 이기적이지만, 그 동료가 잘 때 혼자 자지 않고 공부하는 것은 Self interest라 할 수 있다. 물론 시험 성적보다 영화를 보는 것이 자기에게 행복을 준다고 생각하면 그것도 Self interest에 해당한다. 우리는 이를 자리(自利)적이라고 명칭할 수 있을 것 같다. 도로를 운전하는 운전자는 다른 운전자가 가려는 목적지에 관심이 있는 것이 아니라, 자신의 목적지에만 관심이 있는 이치라 할 수 있다.

분배

_생산에 기여한 대가

애덤 스미스는 〈국부론〉에서 한 사회의 국민들은 그들이 생산한 것 이상으로 분배할 수 없는 원리를 분명히 설명한다. 이는 우리의 상식에 비춰봐도 타당하다. 생산이 있어야 그 교환에 의해 소득이 발생한다. 우리는 생산한 것 이상으로 분배할 수도 없지만, 분배된 것 이상으로 소비할 수도 없다. 애덤 스미스는 〈국부론〉에서 '한 사회의 소비는 그 생산 안에 있어야 하고, 그 생산보다 덜 소비해 저축되어야 다음에 생산에 사용될 자본의 축적이 가능하다'고 말한다. 즉 노동자든, 자본가든 생산을 통해 얻은 소득, 즉 부의 일부를 저축하지 않고 모두 쓰게 되면 부는 성장하지 않는다는 이야기가 된다. 이는 진정한 경제의 성장은 소비가 아니라, 생산에 달려 있음을 뜻한다. 따라서 분배의 사이즈는 생산의 사이즈에 비례한다. 문제는 그러한 분배가 골고루 돌아가게 되느냐의 문제인데, 애덤 스미스는 교환의 자유, 즉 시장에 자유를 허락하고 내버려 두면 부의 분배는 생산에 기여한 각자의 가치만큼 돌아가게 되는 이유를 자연적 사회질서의 원리로 설명한다.

제3부

〈국부론〉 해제

제1장
노동 생산력 개선과 생산물이 국민 계층에 자연적으로 분배되는 질서

▶ **이해를 위한 예비노트**

만일 우리가 전통 도자기를 만드는 도예가를 방문한다면 하나의 도자기를 만들기 위해 많은 사람들이 서로 일을 나누어 하는 모습을 발견하게 된다. 어떤 이는 흙 반죽을 전문으로 하는데 이를 '꼬박'이라고 한다. 또 어떤 이는 반죽된 흙덩이를 물레를 이용해 모양을 만드는데 그를 '독대장'이라고 부른다. 그렇게 만들어진 도자기에 이제 '화공'이 그림을 그린다. 그러면 도예촌의 장인은 가장 중요한 작업이라 할 수 있는 유약을 입히는 작업을 하고 가마에 넣어 굽는 일을 하는 것이 보통이다. 물론 장인 혼자서 이 모든 일을 할 수도 있다.

하지만, 일을 나눠서 하는 이유는 그것이 훨씬 생산적이기 때문인데, 각자 일을 나눠서 하면 보다 완벽하고 빠르게 일을 할 수 있다. 전통 도자기의 경우 열 개를 만드는 과정에서 최종적으로는 두세 개 밖에 건지기 어렵다. 흙을 반죽하는 과정에서 공기가 들어가면 굽는 과정에서 터지게 되고, 물레를 이용해 모양을 만드는 과정에서 두께가 달라지면 역시 굽는 과정에서 금이 갈 수도 있다. 그림을 그리는 과정도 마찬가지다. 도자기의 표면은 평면이 아니라 곡면이기에 붓놀림이 매우 어렵고, 특히 안료는 굽기 전과 구운 후에 색깔이 달라지기 때문에 자칫 착각하거나 안료를 만들 때 불순물이 들어가지 않도록 세심하지 않으면 안 된다. 이러한 과업을 한 사람이 하게 되면 전문화되기 어렵고 시간이 많이 걸린다. 그렇게 되면 도예 장인과 도공들은 먹고 살 수가 없다. 하루 열 개 이상을 만들어 두세 개밖에 건질 수 없다면 각자가 전문가가 되는 것이 유리하다. 물론 장인은 모든 과정을 통제하고 감독한다. 도예의 명장은 이렇듯, 각각의 전문성을 오랜 시간 돌며 터득한 사람이다. 이러한 점을 이해했다면 이제 애덤 스미스가 말하는 〈국부론〉의 분업에 대해 살펴보자.

분업에 대하여

▶ 〈국부론〉의 내용

애덤 스미스는 〈국부론〉을 먼저 분업이 갖는 강력한 노동 생산성으로부터 시작한다. 노동의 분업은 아무리 단순한 일이라도 언제나 생산성을 증가시킨다. 그런 점에서 노동의 분업이 초래하는 생산성 증대는 세 가지로 설명될 수 있다. 하나는 분업을 통해 근로자들은 과업에 전문화된 지식을 갖게 된다. 이는 다시 노동의 기술을 보다 향상시켜서 생산성을 높이는 결과로 작용한다. 둘째, 분업은 노동시간을 단축한다. 여러 개의 과업보다는 하나의 과업에 집중함으로써 근로자는 과업을 이리 저리 바꾸며 준비하는 시간을 절약하고 자신에게 주어진 시간을 최대한 사용할 수 있게 된다. 이 역시 노동의 생산성을 높이게 된다. 마지막으로 단일한 과업에 집중한 노동시간은 과업에 필요한 도구나 방법의 혁신을 가져오게 되고 결국 기술적 혁신은 과업을 더욱 용이하게 만들게 된다. 이렇듯 분업을 통해 향상된 생산성은 그 사회를 풍요롭게 만듦으로써 가장 가난한 이들의 생활수준도 향상된다. 분업은 이처럼 많은 사람들이 서로 얽혀들고 관계를 맺고 협동을 이루어 생산을 하게하고, 이는 단지 노동만이 아니라, 모든 제조업과 상업이 서로 연관을 맺게 된다. 애덤 스미스는 그러한 원리를 집 근처에 있던 핀공장을 방문해 살펴보면서 다음과 같이 말한다. "핀 제조업의 경우 한명의 노동자가 핀을 만들 경우 하루에 한 개를 생산할 수 있으며 20개 이상의 핀은 생산이 불가능하다. 그러나 18개의 공정으로 나뉜 분업 체계 내에서 10명의 노동자는 하루에 4만 8천개의 핀을 생산할 수 있다. 이는 한 명이 4,800개를 생산하는 역할을 하는 것이지만 혼자서 하면 20개도 만들 수 없다." 그렇다면 분업은 어떤 원리에 의해 발생하는 것일까?

분업이 발생하는 원리

▶ **이해를 위한 예비노트**

    이제 다시 도예촌으로 돌아가 보자. 그릇은 선사시대 사람들도 만들었다. 당시에 그릇을 만드는 일은 가족 내에서 이뤄졌다. 대개는 아버지가 흙 반죽을 하고 모양을 만들고 굽고 하는 일을 모두 했을 것이다. 이렇듯 선사인들은 자신이 사용하기 위해 그릇을 만들어 썼다. 그러나 친족 중심의 공동체가 점점 커져서 부족이 되면 어떤 이는 사냥이나 농사를 하지 않고 그릇만 만들어 다른 사람들이 잡은 사냥감과 교환하거나 곡식으로 바꿀 수 있게 된다. 전문적인 옹기장이가 되는 것이다. 오늘날 도공의 선조라고 할 수 있다. 만일 옹기장이의 솜씨가 좋다면 그 아들이나 딸들도 그러한 일을 하게 되리라 예상할 수 있다. 어떤 이가 옹기장이가 되는 것은 누가 강제해서도 아니다. 그가 다른 일보다 그릇 만드는 일을 더 잘하기에 그는 그릇을 만드는 일로도 먹고 살 수 있게 된 것이다. 고대 사회에서 그런 대표적인 전문직이 바로 대장장이였다. 당시 철을 다루는 데는 상당한 노하우가 필요했기에 모든 사람들이 각자 농기구를 만드는 것 보다는 대장장이가 만든 것을 각자가 쌀이나 닭, 옷감과 같은 것으로 바꾸었을 거라는 점을 우리는 알 수 있다. 그런 점을 염두에 두고 애덤 스미스의 설명을 따라가 보자.

▶ 〈국부론〉의 내용

애덤 스미스는 분업의 이익이 어떻게 교환을 통해 사회에 확산되는지 그 원리에 대해 설명한다. 특정한 한 사회의 초기에는 각자 재능에 의해 무슨 일을 할 것인지가 결정된다. 분업의 효율적 생산으로 얻어진 잉여물은 한 사회에서 서로 그것을 필요로 하는 사람들 간에 교환된다. 이러한 방법은 한 사람이 자신에게 필요한 것을 생산하기 위해 애쓰는 대신, 각자가 특정한 과업에 전문화됨으로써 생산된 잉여물을 교환하는 것이 훨씬 후생을 증대시킨다. 이러한 교환은 인간이 다른 동물들과는 달리 의도적인 것이다. 노동의 분업은 권위나 강요의 결과가 아니다. 그보다는 인간이 가진 생래적 특징이라 할 수 있다. 애덤 스미스는 그러한 분업과 교환이 우리로 하여금 인류가 되게 만든 하나의 특성이라고 말한다. 그러한 성향은 원시 사회는 물론이고 문명화된 어느 사회에서도 관찰된다. 만일 우리가 생산한 것을 교역할 수만 있다면 이러한 분업은 자발적으로 이뤄지고 독려되기 마련이다. 아울러 그러한 분업은 교역과정에서 서로에게 필요한 것들이 충족될 때까지 일어나게 된다.

애덤 스미스는 오늘날 대부분의 사람들의 직업이 결정되는 것은 원시시대처럼 자연적으로 주어진 재능에 의한 것이 아니라, 습성과 관습, 그리고 교육에 의해 이뤄진다고 말한다. 사람들은 전문화된 지식을 개발하기 때문에 거기에 걸맞는 역할을 하는 방향으로 일자리를 갖게 된다. 이렇듯 인류가 특정 분야의 생산이나 교역에 전문화되고 집중화된 교육의 체계를 갖게 되는 것은 인간이 교역을 하려는 경향을 타고 나지 않았다면 불가능했을 것이다. 만일 이러한 교역의 경향이 인간에게 없다면 인간은 누구나 자기가 필요한 물건들을 직접 생산해야 하고 그러려면 여러 가지 기술을 익히지 않으면 안된다. 애덤 스미스는 이러한 인간의 교역성향이 동물과 다른 점이라고 생각했다.

분업은 시장의 크기에 의해 제한된다

▶ 이해를 위한 예비노트

이제 독자는 도예촌에서 5~6명이 일하는 분업의 현장을 보았다. 왜 그 숫자는 대부분 열 명을 넘지 않을까. 그것은 전통 도자기가 거래되는 시장이 작기 때문이다. 이제 독자가 만일 전통 도예촌을 나와서 그 주변을 둘러본다면 '생활자기 공장'과 같은 현대식 도자기 공장들을 발견할 수 있다. 이 그릇공장에서는 우리가 보통 사용하는 접시, 찻잔, 식기와 같은 것을 만든다. 물론 그러한 것도 모두 흙과 불을 통해 이뤄진 것이다. 하지만 도자기 공장에서 일하는 종업원의 수는 전통 도예촌에 비해 훨씬 많다. 도자기를 굽는 가마도 재래식 가마가 아니라, 전기 가마를 이용해 대량 생산을 한다. 그러한 도자기 공장에서 분업은 더 많이 일어난다. 공장에서는 도자기에 필요한 흙을 반죽하지 않으며, 아예 흙을 반죽해서 납품하는 이들이 있다. 동시에 유약도 직접 만들지 않고 유약을 만드는 회사들이 납품한다. 앞에서 말한 그릇 모양을 만드는 독대장은 없고 기계가 틀을 만들어 찍어낸다. 따라서 그러한 기계를 만들어 납품하는 이들이 존재하게 된다. 분업의 규모가 전통 도예보다 훨씬 큰 것이다. 그렇게 되는 이유는 전통 도자기보다는 생활 도자기의 시장이 훨씬 크기 때문이다. 이러한 대규모의 분업이 가능한 것은 시장이 그만큼 크기에 가능한 것이지만, 아울러 거미줄 같은 물류인프라와 함께 화폐라는 교환 수단이 존재하기 때문이다. 애덤 스미스의 설명을 들어보자.

▶ 〈국부론〉의 내용

분업이 가능한 정도는 시장의 크기에 달려 있다. 즉 시장이 크면 클수록 분업은 더욱 효과적으로 확대된다. 그 이유는 분업에 의해 생산성이 증대되기 때문인데, 그렇게 되면 분업을 통해 생산된 재화들을 소비할 수 있는 큰 시장이 필요하게 된다. 시골이나 인구가 희박한 지역에서는 시장이 너무나 작기 때문에 강력한 분업으로 생산한 상품들을 소비로 흡수하기 어렵다. 따라서 그러한 곳에서 분업의 규모와 정도는 그 정도의 시장 크기에 제한된다. 역사적으로 보면 예술과 산업은 거대한 시장에서 노동의 생산물들을 흡수할 수 있어야만 가능했다. 따라서 시장이 커지거나 혹은 강과 같은 편리한 운송로가 있을 경우 분업은 발달하게 된다.

화폐 또한 시장의 확대에 기여하게 되는데 화폐는 교역에 유용한 수단을 제공하기 때문이다. 만일 사람들이 보편적으로 받아들일 만한 교환의 매개체, 즉 화폐가 없다면 사람들은 각자 자신에게 필요한 물건을 가진 상대를 찾아야 한다. 하지만 원하는 상대를 정확하게 만나기란 쉬운 일이 아니기에 물물교환과 같은 시스템에서 사람들은 분업을 통한 잉여생산에 대한 확신을 갖기가 어려워지기 마련이다.

화폐의 기원과 사용

▶ **이해를 위한 예비노트**

이제 우리는 전통 도예촌과 생활자기 공장을 비교해서 분업의 원리와 그 크기가 달라지는 이유를 알게 됐다. 그러면서 우리는 이 분업에 화폐라는 교환수단이 상당히 큰 역할을 했다는 점을 어렴풋이 알게됐다. 화폐가 없던 시절에 그릇을 만드는 옹기장이들은 그릇을 만들어 시장에 나가, 자신이 원하는 물품을 가진 이를 만나길 기다려야 했다. 생선을 먹고 싶어하는 가족을 위해 옹기장이는 누군가가 생선으로 그릇과 바꾸려는 사람을 만나야 했다.

그러려면 운도 있어야 했다. 만일 그런 이를 만나지 못한다면 이제 그릇과 바꾼 쌀이나 소금을 들고 생선을 파는 이를 찾아야 했다. 애덤 스미스는 이러한 과정에서 화폐가 등장했음을 설명한다.

▶ 〈국부론〉의 내용

분업이 이뤄지게 되면 사람들에게 자신의 노동력으로 얻을 수 있는 필요와 욕구는 작은 부분에 불과하게 된다. 따라서 그러한 필요와 욕구는 오로지 다른 사람이 생산한 것과 교환함으로써 충족된다. 애덤 스미스는 어떻게 원시사회에서 교환이 이뤄지는 지를 설명한다. 동시에 그러한 원시교역이 힘들고 불편하다는 점을 지적한다. 물물교환에서 등장하는 물품들이 상하기 쉽거나 쪼개기 어렵다면 많은 교환행위들은 불가능하기 마련이다. 애덤 스미스는 이러한 문제로 인해 사람들 사이에서 통상적으로 사용할 화폐가 필요해졌다고 말한다. 금속의 경우 썩지도 않고 견고한 동시에 쪼갤 수도 있다. 또 작게 만들 수도 있다. 따라서 이러한 금속이 화폐로서의 자격을 얻게 된다. 이렇듯 각 역사적 단계마다 여러 종류의 금속이 화폐로 사용되었고 이후 '동전'이 등장했다. 동전은 화폐로서 사용하기에 정확성과 순수성이 뛰어났다.

노동의 가격과 화폐가격에 대하여

▶ **이해를 위한 예비노트**

우리는 도예촌에서 도자기를 만드는 현장을 살펴봤다. 그렇다면 그 도자기의 가격은 어떻게 결정되는 것일까. 일단 도예촌의 장인은 자신이 생산한 도자기의 가격에 투입된 모든 비용을 고려하게 될 것이라고 생각해 볼 수 있다. 그 모든 비용이란 단순하게 생각하면 도자기 하나를 제작하는데 사람들이 들인 노동력이라고 생각해 볼 수 있을 것이다. 즉 흙을 반죽하는 꼬박사의 노동력, 그리고 흙 반죽을 가지고 물레로 그릇 모양을 만드는 독대장의 노동력, 그리고 그림을 그리는 화공의 노동력, 마지막으로 유약을 바르고 굽는 작업을 하는 장인의 노동력 등등…. 이렇듯, 한 상품의 가치가 투입된 노동력에 달려 있다는 생각을 '노동가치설'이라고 한다.

이러한 생각은 후에 카를 마르크스(Karl Marx)의 〈자본론〉을 통해 공산주의 이념에 초석을 제공하게 된다. 하지만 고전 경제학이 가졌던 이러한 관점은 이후 한계혁명을 주장한 새로운 경제학자들, 즉 칼 맹거(Carl Menger)와 같은 오스트리아 경제학파에 의해 부정되기에 이른다. 이들에 의하면 한 상품의 가치는 투입된 노동가치에 달린 것이 아니라, 소비자의 주관적인 효용(한계효용)에 달렸다는 해석이다. 마찬가지로 생산자 역시 자기 상품에 대한 가치는 주관적이다. 즉 어떤 상품에 대해 생산자가 평가하는 가치는 노동가치가 아니라, 그 상품을 생산하는데 들인 비용으로 다른 상품을 생산했다면 얻었을 수익의 관점에서 주관적 기회비용이 원가로서 작용한다는 것이다. 다소 설명이 어려워졌다. 쉽게 이해해 보자면 이렇다. 우리는 인천공항의 식당에서 음식 가격이 일반 식당에 비해 턱없이 높은 경우를 본다. 그것은 인천공항 식당에서 일하는 종업원들의 노동가치가 일반 식당의 종업원에 비해 커서가 아니고, 임대료가 높아서도 아니라, 높은 가격에도 사먹는 이들이 많기 때문이다. 마찬가지로 강남에서 파는 상품들이 같은 것이라 해도 다른 지역에 비해 비싼 이유는 강남에서 그 가격에 사려는 이들이 충분히 많기 때문이다. 즉 어떤 상품의 가격이 가치를 반영한다면, 그것은 소비자의 주관과 생산자의 주관이 만나 합의된 것이라 할 수 있다. 이러한 점을 염두에 두고 애덤 스미스의 설명을 따라가 보자.

▶ 〈국부론〉의 내용

애덤 스미스는 모든 상품의 가치는 화폐가격이 아니라, 그 상품을 획득하기까지 투입된 노동량에 의해 결정됨을 설명한다. 애덤 스미스는 여기에서 물과 다이아몬드를 비교한다. 왜 우리에게는 필수불가결한 물의 가격이 실제로는 별 사용가치가 없는 다이아몬드보다 싼가? 스미스의 설명에 따르면 시장에 상품으로 내놓기 위해서는 다이아몬드 생산 가공에 투입되는 노동량이 물에 비해서 많기 때문이다.

한편, 상품에 대한 화폐가격은 여러 가지 이유로 오르고 내리지만 그 상품에 투입된 노동의 총량은 변하지 않는다. 따라서 어느 특별한 개인의 부란, 바로 그러한 노동량을 얼마나 확보하느냐에 달려있다. 만일 노동이 가치를 결정하는 궁극적 요소라면 우리는 근본적으로 서로 다른 노동에 의해 생산된 상품에서 동등한 노동가치를 어떻게 평가할 수 있느냐는 질문과 만나게 된다. 애덤 스미스는 그러한 서로 다른 노동의 가치문제를 해결하기 위해 다시 한번 화폐의 개념을 도입한다. 즉 서로 다른 노동을 동등한 가치로 평가하기가 어렵기 때문에 결국 그 노동력의 교환은 상품의 교환으로 등장하게 된다. 이때 가치의 평가는 상품의 교환비율로 결정하는 것이 편리하다. 따라서 상품에는 교환가치가 등장하게 되고 화폐는 그 교환가치를 가격으로 표시하게 된다. 문제는 이러한 화폐가 아무리 정교하게 제작되어 상품의 교환가능성을 보장할 수 있다고 하더라도 결국 그 화폐를 주조하는 금속의 가치가 변동하게 되면 이러한 교환가치의 평가는 불가능한 것이 되고 만다. 따라서 만일 상품의 생산조건이 변하지 않는 상태에서 화폐를 주조하는 금속이 매우 희귀하다면 상품의 화폐가치는 상품의 실제가치를 반영하여 오르고 내리게 된다.

상품가격의 구성에 대하여

▶ 〈국부론〉의 내용

　애덤 스미스는 이 장에서 상품의 가격을 결정하는 요소가 복합적임을 설명한다. 그러한 복합적 요소는 지대, 임금, 이윤이라는 세 가지 부분으로 이루어져 있다. 우리는 생산을 위해서는 먼저 생산을 할 장소로서 땅이 필요하게 된다. 따라서 상품의 가격에는 토지의 주인으로부터 땅을 빌리는데 지불하는 임차료가 포함된다. 또 생산을 하려면 노동이 필요한데 임금은 생산에 필요한 노동이나 동물 등을 사용하거나 유지하는데 드는 비용이다. 이 역시 상품의 가격에 포함된다. 마지막으로 상품의 가격에는 생산자가 가져갈 이윤이 포함된다. 이러한 상품가격은 노동자나 경영자, 그리고 토지 주인이 한 사람으로 통일될 때에는 모호한 성격을 띠게 된다.

상품의 자연가격과 시장가격에 대하여

▶ 이해를 위한 예비노트

　여기까지 따라온 독자들은 이제 가치와 가격의 개념이 일치하지는 않는다는 것을 알았을 것이다. 즉 가치는 교환이라는 시장에

들어서기 전에는 가격이 되지 않는다. 전통 도예촌에서 장인은 자신의 고려청자를 미술품 시장에 1억 원으로 내놓을 수도 있다. 하지만, 그것은 장인이 부르는 호가(呼價)일 뿐이다. 이제 장인의 고려청자는 수요자가 생각하는 가치를 만나야 한다.

흥미로운 것은 미술품 시장에서 고려청자는 이 장인의 것만 있는 것이 아니라는 사실이다. 그는 다른 장인들과 경쟁상태에 놓여 있을 수도 있고, 그렇지 않을 수도 있다.

이때 장인의 입장에서는 팔고자하는 고려청자의 가격에 원가(原價)라는 개념이 존재하게 된다. 즉 사용된 흙과 연료와 그리고 도공들의 인건비, 토지 임차료 등등이다. 이러한 비용에 장인이 도자기를 팔아 얻는 평균적인 이윤을 더한 가격을 애덤 스미스는 '자연가격'이라는 개념으로 파악했다. 하지만 그러한 자연가격이 실제로 존재하는 지에 대해 오늘날 경제학자들의 판단은 갈려있다. 즉 애덤 스미스는 자유로운 수요와 공급이 장기적으로 만나면 마치 중력의 법칙처럼 중심으로 수렴되는 가격이 있다고 보았으며 그것을 '자연가격'이라고 생각했다.

하지만, 실제로 시장에서 기업들은 한 가지 제품만을 생산하지 않을 뿐더러, 기업가 정신을 통해 끊임없는 신제품과 생산 기술, 그리고 유통에 혁신을 일으키게 된다. 따라서 애덤 스미스의 장기, 단기 개념은 이러한 점을 고려하지 않은 것이다. 장기적 자연가격과는 달리, 스미스는 단기적으로 수요와 공급의 불일치로 초과수요, 초과공급의 출렁이는 가격을 '시장가격'으로 해석했다.

▶ 〈국부론〉의 내용

어떤 사회든지, 그 사회에는 토지와 노동에 자연적으로 형성된 평균적 사용조건들이 존재한다. 만일 상품의 가격이 그러한 평균적 조건하에 있는 비용을 충분히 보상할 수 있다면 그것을 자연가격이라고 부를 수 있다. 다시 말해 상품 생산에 들었던 원가를 뽑을 수 있는 가격이 자연가격이 된다. 이와 함께 '시장가격'이라는 형태의 가격도 존재한다. 그것은 생산에 든 지대나 임금을 반영하는 가격이 아니라, 상품수요에 의해 형성된 가격이다. 만일 그러한 상품에 대한 수요가 공급을 초과하게 되면 상품의 가격은 자연가격 이상으로 오르게 된다. 그러한 시장가격의 최고 가격은 상품을 사려는 사람들의 경쟁에 비해 그 상품이 얼마나 부족하느냐에 따라 결정된다.

마찬가지로 상품의 공급이 수요를 초과하게 되면 상품의 가격은 하락한다. 이러한 수요대비 상품의 부족과 초과가 한 사회에서 지속되게 되면 사회 구성원들은 이에 반응해서 행동하게 된다. 생산자들의 경우 상품이 부족해 시장가격이 높다면 서로 상품들을 생산해서 공급하려 들것이며 따라서 시장가격은 장기적으로 자연가격에 수렴하게 된다. 애덤 스미스는 제조업자들이 시장가격을 올리기 위한 방법들과 함께 유통업자들도 그러한 방법을 사용하는 점에 대해 자세히 지적한다. 그러한 방법은 생산비를 줄이거나 또는 독점을 통해 공급을 조절하는 것 등이 포함된다.

노동임금에 대하여

▶ 이해를 위한 예비 노트

　도예촌에서 도공들은 장인으로부터 급여를 받는다. 만일 도공들이 이 장인보다 더 많은 급여를 주는 다른 장인의 구인 요청을 만나게 된다면 이 도예촌의 장인은 유능한 도공들을 붙잡아 두기 어렵다. 하지만 이 장인이 같은 임금으로 같은 능력의 도공을 충분히 구할 수 있다면, 굳이 장인은 그 도공을 붙잡으려 하지 않을 것이다. 따라서 노동자의 임금은 상품처럼 노동의 수요와 공급에 의해 결정되는 원리가 존재한다. 그렇다면 더 높은 임금을 주겠다는 장인은 그것이 어떻게 가능할까. 우리는 그 장인이 도예촌의 장인보다 더 많은 이익을 내고 있거나 그렇지 않다면 뭔가 이윤이 좋은 주문을 받았다고 볼 수 있다. 그렇기에 더 많은 임금을 제시할 수 있는 것이다. 때로 도예촌의 도공들이 연합해서 장인에게 임금을 높여달라고 요구할 수도 있을 것이다. 만일 파업을 한다면 누구에게 유리할까. 애덤 스미스는 노동자보다는 기업가가 유리하다고 판단한다. 그 이유는 노동자는 임금이 없다면 생활이 불가능하지만, 기업가는 축적해 놓은 이윤으로 버틸 수 있다고 보았기 때문이다. 하지만 이러한 상황은 일반화하기 곤란하다. 노동자도 저축이 있을 수 있으며, 다른 일자리로부터 수요가 있다면 옮길 수 있지만, 기업가는 파업으로 납품기한을 맞추지 못해 고객들을 잃을 수도 있다. 또 부도가 나면 기업가는 자신이 보증했던 빚으로 인해 가산이 모두 탕진될 수도 있다. 애덤 스미스의 시대에는 교역이 확장되고 산업혁명이 일어나던 시기여서 부의 축적이 기업가들과 자본가, 상인들에게 유리한 시기였다. 반면 인클로저 운동과 같이 지주로부터 땅을 잃은 소작농들이 실업자나 미숙련 노동자가 되어 도시에서 비참하게 살아가던 시기였다. 가난을 탈출하는 시기는 항상 비참하기 마련이다. 도덕철학자였던 애덤 스미스는 당시 이러한 노동자들에 대해 인간적인 연민을 가지지 않을 수 없었을 것이다. 노동자들이 산업혁명으로 부를 축적해 중산층이 되던 시기는 스미스가 〈국부론〉을 쓴 후로부터 약 100년이 지난 19세기 후반에서 20세기 초였다. 산업혁명이 완성된 이후 기업들은 무한경쟁시대에 접어들었으며, 지식산업의 시대로 진입할수록 노동자와 자본가의 구분은 모호해 지는 시기에 이르렀다.(가령 구글과 같은 회사에는 노조가 아예 없다.) 노동자의 창의적인 기술과 고도의 전문 지식이 부의 원천으로서 자본의 역할을 하기 때문이다. 따라서 애덤 스미스의 노동임금론은 시대적 상황의 차이를 염두에 두고 이해되어야 한다.

▶ 〈국부론〉의 내용

　지주나 기업가가 없는 상태에서는 노동자의 생산물은 온전히 노동자의 소유가 된다. 하지만 이러한 사회는 매우 초기적인 사회다. 따라서 상품의 시장가격에 대해 고용주와 노동자 간에는 긴장이 조성되며 일반적으로 그 이해관계는 반대가 된다. 그러나 노동조합과 고용주들 간의 연합이 대결하는 과정에서 노동자는 고용주들에게 불리한 위치에 놓이게 된다. 그것은 고용주들이 축적해 놓은 이윤으로 버틸 수 있는 반면, 노동자들은 임금의 중단으로 생계곤란을 바로 겪기 때문이다. 만일 노동자들이 넘쳐나고 고용이 적다면 노동자들은 고용주들에게 서로 임금을 낮추어 제시하는 경쟁이 일어나게 된다. 반대로 고용주들이 서로 노동자들을 구하기 위해 경쟁하는 경우도 존재한다. 그렇게 되면 임금은 상승한다. 이러한 노동가격의 결정은 노동시장에서 결정되는데 따라서 노동자들의 임금이 계속 오르기 위해서는 그 사회에 고용주들의 이윤이 계속 증가해야 가능하다. 애덤 스미스는 그러한 이치를 설명하기 위해 영국의 식민지였던 북아메리카의 노동자들 임금이 영국보다 상대적으로 높은 이유를 고찰한다. 영국은 북아메리카보다 높은 국부를 가지고 있지만 부의 성장이 정체함에 따라 노동자들이 경쟁적으로 임금을 낮추고 있는 반면, 북아메리카에서는 부가 성장하고 있어서 반대로 고용주들이 노동자들을 구하기 위해 경쟁하는 상황이었다. 따라서 임금은 한 나라의 국부상태와는 관계없이 부의 성장성에 달려있다. 자산이 많이 투입되는 국가일수록 노동시간이 줄고 더 많은 생산을 할 수가 있어서 임금이 올라가기 마련이다.

자산이윤에 대하여

▶ **이해를 위한 예비노트**

우리는 도예촌 도공들의 임금이 어떻게 결정되는 것인지를 전장에서 이해했다. 그렇다면 이제 이들을 고용하고 자신의 자산을 투자해 이윤을 남겨야 하는 도예촌의 장인은 어떤 처지에 놓여 있는 것일까. 장인은 도자기를 판매한 수입에서 임금을 제하고, 각종 임차료를 제하면 비로소 자신의 이윤이 된다. 이 이윤은 그가 생산에 사용한 흙, 가마, 장작, 물레, 안료 등 기타 노동을 제외한 모든 투입물로부터 창출된 이익이다. 이렇듯, 한 사람이 보유한 모든 재화나 물건, 화폐, 원료, 시설 등을 '스톡(stock)'이라고 한다. 만일 도예촌의 장인이 찻잔 도자기를 제조해서 판매하는 것으로 이익을 얻고 있다고 가정해 보자. 그런데 주문이 늘어나서 흙과 유약, 물레 등을 더 늘렸고 도공을 추가로 5명을 더 고용하려 하는데 임금이 올라 2명밖에 고용하지 못했다면 장인의 스톡은 상대적으로 유휴상태가 될 수 있다. 이로 인해 이미 있는 자원과 장비를 다 못쓰고 있다면 장인은 자신의 스톡으로부터 얻을 이익을 얻지 못하고 오히려 그 이익이 줄어든 상태가 된다. 마찬가지로 어떤 농장주인이 밀 수확을 하기 위해 인부 열 명을 구하려 했는데 인건비가 올라 7명밖에 고용을 못했고, 밀의 30%를 수확하지 못하고 포기했다면, 이 농장주인은 자신의 밀, 즉 스톡으로부터 얻을 수 있는 이익을 상실한 것이다. 흔히 이 과정에서 우리는 stock(자산)과 capital(자본)을 종종 혼동한다. 자본은 자산에 속하지만, 모든 자산이 자본인 것은 아니다. 누군가 30평 아파트에 가족과 함께 산다면 그것은 자산이지만, 자본은 아니다. 하지만 그 30평 아파트 가운데 방 한 칸을 월세로 놓았다면 그 부분은 자본이 된다. 애덤 스미스는 스톡과 캐피털, 그리고 화폐의 성격을 분명히 따로 정의했다. 나중에 설명하겠지만 자본은 스톡 가운데 저축되어 수익을 얻을 수 있는 생산재나 투자금과 교환된 것이다. 만일 이 장인이 자신의 스톡으로 도자기를 만들어 팔기 보다는 차라리 자신의 물레나 가마를 남에게 빌려주면서 사용료를 받는 것이 더 낫다면 그는 그렇게 할 것이다. 우리는 이것을 자산에 대한 이윤으로 볼 수 있다. 그 수익률의 기준은 이자율이 된다. 즉 모든 산업에서 자산을 이용하는 이익률은 그 사회의 이자율에 상응한다는 점을 알 수 있다.

▶ 〈국부론〉의 내용

자산의 이윤은 상인들과 기업가 또는 특정한 교역에 투자하는 이들 간의 경쟁에 의해 결정된다. 만일 특정한 교역에 상당히 많은 자산들이 몰리게 되면 그 안에서 경쟁이 발생하게 되고 이윤은 하락하게 된다. 자산의 이윤은 임금과 역관계에 있다. 따라서 임금이 오르면 자산의 이윤은 감소한다. 애덤 스미스는 시간에 걸친 자산의 이윤을 측정하는 것은 매우 어렵다는 점을 설명한다. 반면 이자율은 자산의 이윤율을 설명하는 좋은 척도임을 제시한다. 이자란 바로 자산이 창출하는 이윤에 매겨진 가격이기 때문이다. 일반적으로 높은 이자율은 높은 자산의 이윤율과 상응한다. 하지만 스미스는 이러한 일반규칙이 한 사회에 자산가들의 비율이 어떻게 되느냐에 따라 복잡하다는 점을 예시로 든다. 경우에 따라서는 높은 자산 이윤과 함께 높은 임금이 공존할 수도 있다.

여러 용도에서의 임금과 이윤에 대하여

▶ 이해를 위한 예비노트

이 장에서 애덤 스미스는 공급과 수요의 개념이 생산 전반에 영향을 주면서 어떻게 상품의 가격과 관련이 되는지를 설명한다. 스미스에 따르면 생산의 요소는 노동과 자본, 그리고 생산을 할 수 있는 토지로 구성된다. 이 세 요소는 서로 관련이 있으며 서로 의존적이다. 이러한 생각이 애덤 스미스의 혁명적 사고를 보여준다. 이전에는 생산과 교환, 분배는 서로 독립적이며 임의적으로 결정되는 것으로 생각되었다. 그러한 생각이 잘못되었음을 밝히는 것이 〈국부론〉 제1권의 주요 내용이다.

▶ **〈국부론〉의 내용**

애덤 스미스는 시장이 자기조절능력을 갖고 있음을 논한다. 간섭이 없는 상태라면 시장은 언제나 균형점을 지향하는 속성이 있다는 것이다. 이러한 생각은 생산의 요소를 움직이게 하는 원인에 대해 매우 중요한 성찰을 담고 있다. 스미스는 이러한 아이디어로부터 정부의 간섭과 규제가 어떻게 균형을 방해하는지를 구체적으로 설명한다.

임금의 경우, 그 균형은 노동에 대한 수요와 공급에 의해 결정되지만, 이러한 균형은 종종 정치적 간섭으로 방해된다. 또 같은 교역에서 일하는 노동자들은 담합을 통해 새로운 인력이 진입하지 못하게 하고자 장벽을 세운다는 사실을 스미스는 관찰한다. 이렇게 되면 그 분야의 교역이 증가함에 따라 외부의 인력이 공급되지 못하기에 임금은 지나치게 높게 오른다. 문제는 정부가 그러한 행위를 돕는 경우, 이는 경제에 부정적인 영향을 미치게 된다.

애덤 스미스는 또한 일하고자 하는 노동자들이 많다는 이유로 고용주들이 이를 유리하게 이용하는 것은 부당하다고 주장한다. 고용주들의 경우 입장이 유리하기에 임금 협상에서 우위를 차지할 수 있다는 것이다. 애덤 스미스의 이러한 관점은 사실 당시에 횡행했던 고용주들의 임금담합을 비판하면서 역시 노동력을 담합하는 노조에 대한 비판을 염두에 둔 것으로 이해되고 있다.

애덤 스미스는 이 장에서 지주들에 대해서도 비판한다. 지주들도 소작인들에 비해 유리한 입장에 있기에 그들이 정상적으로 누릴 수 있는 지대보다 소작인들로부터 더 많은 지대를 얻으려 한다는 것이다. 애덤 스미스는 지주들의 이러한 행위를 부당하다고 보았는데, 대개 지주는 토지에 아무런 노력도 들이지 않고 독점가격을 매기려 하기 때문이라고 말한다. 지주들은 그저 토지를 갖고만 있을 뿐이다. 애덤 스미스의 지주에 대한 비판은 사실 그 시대에 유행했던 장자상속제에 대한 것이었다. 장자상속제는 거대한 토지를 여러 사람들이 아닌, 한 사람에게 넘기게 하고, 이 때문에 상속자는 거대한 토지를 관리하거나 개발할 만한 능력이나 의지를 갖지 못한다. 문제는 부유한 상인들의 경우, 그러한 부를 이용해 귀족들의 토지를 매입함으로써 자신의 부를 과시하는 경향이 있었다. 애덤 스미스는 그러한 비생산적 자본의 사용이 결국 부를 창출하기는커녕, 부를 감소시킨다고 본 것이다.

이 장에서 애덤 스미스는 특히 자산과 자본의 이자율을 정부가 통제하는 것에 강한 비판을 제기하고 있다. 즉 자산과 자본은 투자를 통해 고정되거나 유동화 되는데 그 가격인 이자를 정부가 규제하면 자본과 자산의 공급에 문제가 생긴다고 본 것이다. 스미스는 이자율이 형성되는 과정은 수많은 거래들에 의해 매우 복잡하게 등장하므로 정부는 그러한 이자율이 좋은지 나쁜지를 알 수 없으며 시장에 맡겨 놓을 경우 자기조절의 원리에 의해 균형점을 찾아가므로 간섭하지 말아야 한다고 말한다.

지대(땅값)에 대하여

▶ **이해를 위한 예비노트**

무엇이든 생산을 하려면 땅이 있어야 한다. 첨단 IT사업을 하려해도 일단 사무실과 연구실이 있어야 가능하다. 이렇듯 생산에 필수불가결한 요소를 '본원적 생산요소'라고 부른다. 땅은 노동, 자본과 함께 생산의 본원적 요소를 이룬다. 그런데 땅은 노동과 자본과는 다른 속성이 있다. 즉 공급의 제한이 크다는 점이다. 이를 '공급 비탄력성이 크다'고 말한다. 이러한 이유 때문에 땅은 단지 갖고 있는 이유만으로 이익이 주어지곤 한다. 특히 목이 좋은 강남이나 역세권에 땅을 가진 이는 그렇지 않은 이보다 더 많은 임대수입을 올릴 수 있다. 이러한 지대는 땅에 대해서만 발생하지 않는다. 기술이나 특허, 프로 스포츠선수의 연봉, 각종 이익집단의 면허, 보호무역 등에서도 일어난다.

이를 '경제적 지대'라고 하며, 이러한 규제를 통해 초과이익을 얻으려는 행위를 '지대추구 행위'라고 한다. 애덤 스미스는 지대의 원인을 땅이 가진 생산성에 기반하는 것으로 보았다. 이러한 생산성에 대한 임차인과 지주간에 인식의 차이가 땅의 임대차가격, 즉 지대의 수준을 결정한다고 본 것이다. 애덤 스미스의 지대론을 수용한 리카르도와 같은 고전 경제학자는 이를 더 발전시켜, 지대의 본질이 서로 생산력이 다른 토지간의 차이에서 비롯된다는 '차액지대론'을 주장했다. 즉 어느 한 토지의 지대는 가장 생산성이 낮은 토지의 지대를 공짜로 전제한 비교 개념이라는 것이다. 이것은 앞에서 설명한 생산자의 기회비용과 같은 개념이다.

▶ 〈국부론〉의 내용

노동자와 고용주 사이에 존재하는 긴장이 임금과 자산이윤을 규제하듯이, 토지 임차인과 지주 사이에 존재하는 긴장이 지대를 결정한다. 지주는 임차인에게 기껏해야 도구나 생산에 필요한 필수품들, 그리고 시장에 내다 팔 가축 정도를 유지할 수 있는 최저의 돈만을 남기려 한다. 이러한 기초적 상태의 유지 이상으로 임차인이 토지를 이용해 얻는 수입을 지주는 지대로 가져가려 할 것이다. 어떤 경우 지주나 임차인 모두 토지의 생산성에 대해 잘 알지 못하기 때문에 지대가 올라가거나 내려가는 경우가 있다. 지대가 내려가는 경우는 지주가 무지한 경우이며, 올라갈 때는 임차인이 무지한 경우다. 왜냐하면 대개의 경우, 임차인이 토지에 대해 잘 알고 있기 때문인데, 그는 임차할 토지가 얼마나 비옥한가와 토지로부터 수확하는 생산물의 가격이 얼마나 될 지를 지주보다 잘 알기 때문이다. 대개 토지에 대해서는 임차인보다 지주가 더 모르는 것이 일반적이다. 애덤 스미스는 지대가 토지의 잠재적 생산성과 임차인이 토지를 개선해야하는 부담을 기초로 해서 결정되게 된다고 말한다.

제2장
자산의 성질·축적·용도에 대하여

▶ **이해를 위한 예비노트**

우리는 흔히 자본, 자산, 유동성과 같은 말들을 신문기사에서 보곤 한다. 자산투자라는 말과 함께 수익자산이라는 용어도 보게 된다. 동시에 자본금이니 자본재와 같은 용어도 신문에 등장하지만, 정확이 그 차이들을 알기가 어렵다. 애덤 스미스는 〈국부론〉에서 이 부분에 대한 세심한 정의를 내린다. 애덤 스미스 시대에는 여전히 농업이 중요한 산업이었으며, 따라서 재산으로서 자산(stock)을 많이 가진 이들은 영주들과 귀족들이었다. 영주와 귀족들의 경우 하인, 군인, 일군, 관리인, 지식인 등 거느리고 있는 사람들에게 분배해야 할 수확물이 많았고 교회나 단체에도 기부해야 할 것들이 많았기에 일단 자기 용도로 쓸 곡식이 많이 필요했다. 그러고도 남은 수확물이 이제 어떻게 사용되는가를 애덤 스미스는 말하고자 하는 것이다. 그러므로 애덤 스미스가 말하는 Stock 개념의 자산은 대개 농지 수확물, 가축, 옷감, 가죽, 마차, 별장, 농토 등을 염두에 두고 이해할 필요가 있다. 오늘날의 금융자산이나 부동산, 기계와 같은 설비자산처럼 이미 산업화된 자산의 개념으로 이해하면 곤란하다. 물론 그러한 자산도 애덤 스미스가 말하는 원리에서 다른 것은 아니다. 다만 애덤 스미스는 당시 농업사회가 산업혁명을 통해 산업화, 상업화되는 과정을 관찰했기에 그의 자산과 자본의 개념이 오늘날의 기계와 같은 산업자산, 증권과 같은 금융자본과 본질은 같더라도 모습은 다른 것이라는 점을 염두에 두어야 한다.

자산의 분류

▶ 〈국부론〉의 내용

만일 어떤 이의 자산이 며칠 또는 몇 주 정도밖에 보유될 수밖에 없다면, 그는 그 자산을 이윤을 만드는데 사용하려 하지 않을 것이다. 대신에 그는 그 자산을 알뜰하게 사용하려 들며, 그것으로 노동을 즉각적으로 대체하려 든다. 하지만 그 자산을 수개월 또는 수년간 보유할 수 있다면 그는 자산을 즉각 사용할 필요가 없을 경우 최소한의 필요한 만큼을 사용하고 남김으로써 남은 자산으로부터 이윤을 얻을 방법을 찾으려 들게 된다. 이때 사용하지 않고 이윤을 얻기 위해 남긴 자산의 일부가 자본이 된다. 이때 자본이 수익을 내게 되는 방법에는 서로 다른 두 가지가 존재한다.

첫째, 자본은 생산에 투입되어 재화의 산출량을 늘리거나, 또는 판매로 이익을 낼 수 있는 다른 재화의 구입에 사용될 수 있다. 이렇게 사용되는 자본은 이로인해 재화를 판매해 금전을 얻는 방법으로 이윤을 창출한다. 그렇게 되면 이제 확보된 금전은 더 많은 재화와 교환된 것과 같다. 이윤이 계속 증가하려면 이 과정은 지속되어야 한다.

둘째, 자본은 토지를 개선하거나 교역의 도구나 유용한 기계를 사는데 투입될 수 있다. 이는 자본을 변화시키지 않고 생산성을 높여서 이익을 내는 것이다. 이러한 방식으로 사용되는 자본을 고정자본이라고 한다. 서로 다른 교역은 고정이냐, 아니면 순환이냐에 따라 각각 서로 다른 자본의 분량을 요구하게 된다. 애덤 스미스는 자신의 설명을 사회일반으로 확대해서 전개한다. 즉 한 사회의 일반적 자산은 구성원들 각자의 자산의 합과 동일하며, 다음과 같이 자연스럽게 나뉘어져 분산된다는 것이다.

1) 즉각적으로 소비될 목적으로 유보된 자산. 이는 음식과 의복, 가구, 주택뿐만 아니라, 소비를 위해 구매된 모든 자산을 포함한다.
2) 네 가지의 고정된 자본
   ① 노동을 대체하거나 효율을 높이는 모든 교역의 도구와 유용한 기계
   ② 모든 채산성 있는 건물들, 즉 이윤이나 지대를 창출하는 농장

이나 공장, 사무실 등

　　③ 토지의 생산성을 높여주거나 노동을 수월하게 하는 기계

　　④ 사회 구성원들의 재능이나 유용한 능력의 획득

　3) 네 가지로 구성된 순환자본

　　① 돌고 도는 자본으로서의 화폐

　　② 이익을 창출하기 위해 팔려고 준비한 자산

　　③ 의복이나 가구 등에 사용되는 원료

　　④ 팔리지는 않았으나 재화를 완성하거나 보완하는데 사용된 작업

이렇듯 고정자본이나 순환자본의 유일한 목적은 즉각적인 소비에 사용되는 자본을 유지하거나 또는 늘리기 위해서라고 할 수 있다. 따라서 부란 즉각적인 소비에 가능한 자산의 풍부한 정도에 의해 측정된다.

국민자본 유지비용에 대하여

▶ **이해를 위한 예비노트**

　우리는 시중에 돈이 많이 풀려서 아파트의 가격이 상승한다는 뉴스를 보곤 한다. 실제로 중앙은행에서 통화 공급을 늘리면 돈의 가치가 하락하기에 상대적으로 부동산이나 주식과 같은 자산

과 자본의 가치가 높아진다. 이전보다 더 많은 돈을 주고 그것들을 구매해야 하기 때문이다. 그렇기에 사람들은 인플레이션상태에서는 부동산에 투자하려 든다. 만일 이 현상이 지속되면 자산의 가격은 계속 상승하게 되어서 자산거품을 형성하게 된다. 그러다가 더 이상 통화가 늘지 않거나, 정부가 이자율을 올려 통화 공급을 줄이면 이 자산거품이 터지게 된다. 즉 극심한 경기변동이 오는 것이다. 이를 Boom & Burst 이론이라고 부른다. 즉 중앙은행이 통화량을 늘렸다, 줄였다하는 과정에서 자산과 자본재의 가격에 거품생성과 터짐이 반복되는 경기변동이 온다는 것이다.

▶ 〈국부론〉의 내용

애덤 스미스는 1편에서 설명한 생산물 가격이 세 부분으로 구성되어 있음을 상기시킨다. 즉 하나는 노동에 지급한 임금, 그리고 다른 하나는 자산으로부터 얻는 이윤, 나머지 하나는 토지로부터 얻는 지대가 그것이다. 모든 국가의 재화는 연간 토지와 노동으로 생산된 것과 일치한다. 모든 가격, 즉 교환 가능한 가치 역시 동일한 세 부분으로 귀결된다. 한 국가의 거주자들이 연간 전체 가격으로 얻는 수입은 총수입이 아니라, 순수입으로 계정되어야 한다. 한 국가의 고정자본 전체를 유지하는 비용은 각 개인들의 고정자본을 유지하는데 드는 비용의 합과 같다. 반면에 한 사회의 유동자본의 유지에 드는 비용은 개인들의 유지비용의 합과는 같지 않은데, 개인들의 관점에서 화폐는 유동자본이지만, 사회적 입장에서 화폐는 고정자본을 상징하기 때문이다. 사회적 관점에서 보자면 화폐는 즉각적인 소비를 위해 유보된 자산을 늘리는 것이 아니라, 상업의 도구로서 기능한다는 점에서 더욱 고정자본의 성격을 띤다. 애덤 스미스는 이 점을 더욱 구체적으로 설명하는데, 한 사회 내에서 유동자본인 화폐가 구성원들의 수입을 구성할 수 없는 이유는 화폐가 손바뀜을 통해 지대나 임금, 그리고 이자로 지불되기 때문이다.

스미스는 교역에 유리한 지폐가 널리 발행되고 있음을 설명한다. 그리고 은행제도의 장점을 자세하게 설명한다. 당시에 은행은 상인들에게 대부를 하는 새로운 제도를 개발했는데, 그것은 은행가들에게도 이익을 주었지만 상인들과 함께 다른 영역에서 사업을 하는 이들이 보다 수월하게 사업을 영위할 수 있는데 도움을 주었다. 그러한 신용이 확대되면 더 많은 돈들이 이윤을 발생하는 자본으로서 증가한다. 하지만 스미스는 한 국가의 화폐유통량은 그 국가가 보유한 금과 은의 총량을 넘어서면 안 된다고 경고한다.

애덤 스미스는 은행에 대한 고찰과 권고에 좀 더 깊이 들어간다. 그는 은행의 1차적인 화폐증가는 은행이 인출 수요에 응할 수 있는 보유 현금고와 일치해야 함을 지적한다. 그리고 난 후 빈 금고는 가끔 융자로 채워진다. 만일 은행들이 발행하는 지폐의 총량이 그 나라의 경제가 흡수할 수 있는 총량을 초월하게 되면, 즉 금과 은의 보유량을 넘어서게 되면 은행은 발행한 지폐가 시중에서 유통되는 경우, 지불해야 하는 금고를 넘어서는 위험에 빠지게 된다. 즉 발행된 지폐를 보증하기 위해 금을 구입하게 된다.

스미스는 또한 은행들이 사업가들에게 대부를 하더라도 항상 지폐의 결제 청구 요구에 응할 수 있는 정도의 지불 능력을 유지할 수 있어야 한다고 말한다. 만일 은행들이 그러한 양을 넘어서서 대부를 할 경우, 은행들은 부도에 직면하는 위험이 생긴다. 만일 보다 높은 위험을 감수하려는 이들은 은행에서 돈을 빌리면 안 되고 대신에 이자를 받고 편안하게 살고자 하는 개인에게 빌려야 한다. 그렇게 되어야 부도가 발생하더라도 큰 금융혼란이 발생하지 않게 된다.

비록 지폐의 사용이 한 경제를 보다 유연하게 하고 성장을 촉진하게 되더라도 그것은 점점 이론화되는 경향이 있어서 위험을 초래할 수 있다. 동시에 개인이나 또는 특정한 그룹들에 의해 조작이 이뤄질 가능성도 종종 존재하게 된다. 그러한 이유로 애덤 스미스는 지폐는 상대적으로 큰 액면금액으로 발행될 필요가 있는데, 이는 거래에서 지폐를 사용하는 그룹을 일정정도 제한할 필요가 있기 때문이다.

그는 한 국가의 유통은 두 개의 카테고리로 나누어짐을 설명한다. 하나는 상인과 기업가들 간의 관계로 중개자와 중개자 사이에 일어나며 또는 사업가와 고객과 같은 중개자와 소비자 사이에서 일어나게 된다. 그러한 거래들이 청산되기 위해서는 모두 화폐 보유고가 필요하다. 중개자들 사이에서는 비교적 큰 금액의 화폐량들이 거래되는데 이는 이들의 거래가 도매이기 때문이다. 화폐의 작은 금액은 보다 빠르게 손바뀜이 일어나게 되는데, 다시 말하자면 그만큼 빠르게 유통되고 회전된다는 의미다. 따라서 작은 금액이 지폐, 특히 어음으로 발행되는 경우 사람들은 어음을 조사해 보는데 귀찮기 때문에 거절되는 경향이 있다. 이는 신뢰하기 어려운 출처를 가진 싼 어음들이 발행되고 유통되면 경제 시스템에 불안정을 더하게 됨을 의미한다.

애덤 스미스는 은행에 대한 유일하고 올바른 규제는 은행들이 어음을 발행함에 있어 일정량 이하로 발행하게 하는 것이며, 이는 어음에 대한 지불청구가 있을 때 즉각적이고 무조건적으로 응할 수 있어야 함을 의미한다. 이러한 점을 제외하면 은행들은 성업을 누리도록 장려되어야 한다. 여러 종류의 은행들이 스스로 자율적 규제를 해나간다면 이는 사회에 커다란 이익을 준다. 은행들 간의 경쟁은 그 수를 많게 하고 행동에 신중을 기하게 만들며, 고객들에게 보다 자비롭고 봉사하게 만든다.

생산적 노동과 비생산적 노동에 대하여

▶ 이해를 위한 예비노트

　1997년 IMF 외환위기 이전에는 큰 기업들의 본사 건물에 엘리베이터 안내원이라는 직원이 있었다. 이들의 역할은 엘리베이터를 타는 임직원들을 위해 가고자 하는 층의 번호를 눌러주는 일이었다. 그리고 엘리베이터를 기다리는 이들에게 '내려갑니다'라거나 '올라갑니다'와 같은 안내를 하는 것이 임무였다.

　지금은 대개 사라지고 없지만, 과거 소련이나 공산주의 동유럽 국가에는 건물 엘리베이터마다 그러한 직원들이 반드시 배치됐다. 필요해서가 아니라, 직업의 분배차원이었다고 하겠다. 애덤 스미스는 그러한 노동을 '비생산적 노동'이라고 정의한다. 즉 시장에서 상품을 통해 다른 가치와 교환되지 않는 노동은 비생산적이며, 그러한 일을 하는 노동자가 많을수록 그 나라는 가난해진다는 것이다. 애덤 스미스의 이러한 설명은 직접 생산을 하지 않는 공무원들이 많은 나라 역시 비효율이 높을 것임을 암시한다. 예를 들어 유럽 재정위기를 불러온 그리스의 경우, 국민 5명 중에 1명이 공무원이었다. 아울러 국민 3명중에 1명은 이러저러한 이유로 정부로부터 수당을 받고 있었다. 그런 사회에서는 자본의 축적이 이뤄지지 않는다. 즉 부의 창출이 어렵게 되는 것이다. 이러한 원리는 왜 정부가 비대해지면 경제성장에 불리한가라는 문제를 이해하는 열쇠가 된다.

한 사회에는 생산적 가치, 즉 시장에서 교환을 통해 자신의 생산가치를 계속 유지할 수 있는 사람들이 있고, 그렇지 못한 사람들이 있다. 애덤 스미스는 이를 근로자와 하인이라는 개념으로 설명한다.

▶ 〈국부론〉의 내용

노동에는 두 가지가 있다. 생산적인 것과 비생산적인 것이 그것이다. 생산적인 노동은 대상물에 부가가치를 더하지만, 비생산적 노동은 그렇지 못하다. 예를 들어 생산 근로자는 자신이 다루는 재료에 가치를 더한다. 그렇게 함으로써 고용자에게 이익을 주고 자신의 고용상태를 유지하게 된다. 따라서 생산 근로자가 자신의 임금을 고용주로부터 선불 받는다하더라도, 실제로는 그 비용은 시장에서 회수되므로 고용주의 아무런 비용 발생 없이 근로자는 자신의 고용을 유지하게 된다. 하지만 주인을 위해 일을 하는 하인은 주인의 비용으로 자기 임금의 선불을 받아가는 것과 같다. 그 주인은 하인이 만든 제품으로부터 아무런 이익을 볼 수가 없기 때문이다. 따라서 부가가치를 만드는 근로자를 둔 고용주는 점점 부자가 되는 반면에 무능한 근로자를 둔 고용주는 점점 가난해 질 수 밖에 없다.

애덤 스미스는 재화를 생산해서 가치를 창출하는 생산적인 노동자는 부를 쌓아 올리는 일을 한다고 말한다. 애덤 스미스는 그런 관점에서 비생산적 노동은 단순히 무능한 하인을 넘어 예술가, 목사, 군인, 작가 등에 이른다고 주장한다. 하지만 사회적 존재로서 이렇게 귀중한 일을 하는 이들은 생산적 노동자들은 아니지만 생산적인 토지의 수확물과 나라의 노동에 의해 부양받는 존재가 된다. 비생산적인 토지와 노동은 생산적 토지와 노동의 양에 따라 변화하며 결국 제한적이 된다.

토지와 노동에 의해 수확된 생산물은 두 부분으로 나뉜다. 하나는 소진한 자본을 대체하는 부분과 다른 하나는 자산을 자본으로 활용한 이의 이윤이다. 즉 비옥한 토지를 가진 자의 지대와 같은 것이다. 투여된 자본을 대체하는 생산물은 사실상 임금의 지급으로 생산적인 노동자를 유지하는 것이 된다. 그리고 이윤을 구성하는 부분의 생산물은 비생산적 노동을 유지하는 몫이 된다. 만일 노동자의 임금이 상당히 높아서 그가 생필품을 사고도 남는다면, 그는 이제 오락이나 개인적인 하인을 고용하는 불필요한 곳에 지출을 할 것이다. 따라서 초과되는 임금은 비생산적인 노동을 유지하는 것과 같다.

생산적인 노동과 비생산적인 노동의 비율은 부유한 국가와 가난한 국가사이에서 매우 다르게 나타난다. 고대 봉건제도에서는 아주 적은 연간 생산물을 가지고도 경작에 사용될 자본으로 대체하는 것이 충분했다. 스미스의 시대의 유럽은 자본을 대체하기 위해 생산물의 많은 부분이 쓰여져야 했는데 바로 생산적인 노동에 지급하는 임금이었다. 보다 부유한 유럽국가에서는 상당한 양의 자본이 교역과 제조에 투여되었는데 그것이 이 나라들의 상당한 이윤에 대응하는 것이다. 그러나 이익의 마진인 이윤은 중세에 비해 그 자산의 풍부함으로 인해 줄어들게 됐다.

대여된 자산(자본)의 이자에 관하여

▶ 이해를 위한 예비노트

이 장은 이자에 관한 것이다. 이자는 왜 발생하는 것일까. 이자는 가지고 있는 자산(stock)을 남에게 빌려준 대가로 얻는 자산 이용료라고 할 수 있다. 고대에는 가축(caput)이 중요한 자산이었다. 따라서 자기가 가진 가축들 중에 수컷이 시원치 않으면 가축을 늘리기 위해서 사람들은 종종 이웃으로부터 좋은 수컷을 씨종자로 빌려 자신이 가진 암컷들과 교배시킨 후, 새끼들을 얻었다. 그리고 수컷을 돌려줄 때 덤으로 새끼를 주곤 했다. 그러한 것이 이자의 기원이라 할 수 있다. 따라서 이자란 어떤 자산을 빌려 이용할 때 부를 창출할 수 있어야 가능하다. 중세 유럽의 교부(敎父)들은 화폐라는 것이 가축이나 곡식처럼 자기 증식성이 없다고 보았다. 그렇기에 화폐를 빌려준 대가로 이자를 받는 것은 부당하다고 생각해 이자를 금지시켰다. 이러한 관행은 애덤 스미스의 18세기에 이르기까지 그 영향력이 남아서 화폐이자에 대한 정치인, 종교인, 지식인들의 생각은 부정적이었다. 이 장에서 애덤 스미스는 당시 화폐의 교환가치를 보증하는 금과 은의 증감이 이자율을 결정한다는 중상주의 통념을 비판하고, 화폐가 아니라 자본으로 전환되는 자산의 증감과 자본들의 경쟁에 의해 이자율이 변동한다는 점을 분명히 한다. 화폐란 이러한 자본들의 가치를 표시한 교환의 수단일 뿐 그 자체는 가치에 중립적이라는 것이다.

애덤 스미스의 이러한 발견은 정부가 불황에 시중 통화량을 늘려봐야, 그것이 실질적인 부를 창조하는 자산의 생산적 공급이 아니기에 효과를 보지 못한다는 점을 말해준다. 오늘날 애덤 스미스의 이 화폐가치 중립론은 현대 경제학에서 매우 중요한 문제로 다뤄지고 있다.

▶ 〈국부론〉의 내용

이자가 붙는 자산을 빌려 준 대주자에게 자산은 자본이 된다. 이때 차주는 그러한 자본을 이익을 가져다 주는 생산적 노동에 투입하거나 즉시 소비할 수 있다. 만일 차주가 그러한 빌린 자본을 소비에 써 버린다면 그는 빌린 자본을 되갚기 위해 자신의 재산이나 지대를 깨서 갚아야 한다. 따라서 현명치 못한 차입 자본의 사용은 차주가 자신을 금전적으로 망치는 길이라는 사실로 인해 경계된다.

한 사회에서 대여된 돈은 대여한 자본을 대체하는 총 생산량에 달려 있다. 융자는 종종 화폐로 이뤄지는데, 이는 궁극적으로 자본을 대신한다. 같은 양의 화폐는 순차적으로 여러 사람에게 융자될 수 있는데, 이러한 방법으로 같은 양의 지폐가 융자에 사용되더라도 문제는 전혀 없다.

이자가 붙는 자산의 대여가 증가하게 되면 이자율은 하락한다. 이는 공급과 수요의 법칙에 해당해서만이 아니라, 다른 이유에 의해서도 그렇게 된다. 자본이 증가하면 그러한 자본을 갖고 있는 사람들 간의 경쟁도 역시 늘어남에 따라, 자본의 이익은 감소하고 생산적 인력을 구하려는 자본을 가진 이들의 경쟁에 의해 임금은 오른다. 자본으로부터 얻는 이익이 감소하게 되면 자본가는 자본을 사용하기는 점점 더 어려워진다. 따라서 자본을 이용하는 가격, 즉 이자율은 내려가게 된다.

애덤 스미스는 이자율의 하락이 당시 화폐가치를 보증하는 은의 가치 하락 때문이 아님을 논증한다. 즉 이자율은 화폐에 비례하기 때문에 은의 가치가 떨어지면 화폐의 가치도 떨어져서 그만큼 더 많은 화폐가 자산의 수익에 맞춰져야 하기에 화폐 이자율은 언제나 자산의 수익과 보조를 같이하게 된다.

정부의 이자율 규제는 까다로운 문제다. 애덤 스미스는 이자를 금지하는 제도가 부당하다는 주장을 제기한다. 화폐는 올바로 투자되면 이익을 가져다주기에 그것을 빌리는 것에 대해서는 사용료가 부가되어야 한다는 것이다. 만일 정부가 이자율을 제한한다면 그것은 시장에서 가장 낮은 이자보다 약간 높아야 한다. 만일 시장에서 거래되는 최소 이자율보다 법정 이자율이 더 낮게 되면 대부자들은 대부를 하지 않을 것이기에 실질적으로 정부가 이자를 금지하게 되는 효과가 있다.

 토지의 가격도 이자율에 의해 규율된다. 왜냐하면 자본을 가진 사람이 직접 수고를 하지 않고 자본으로부터 수입을 얻고자 한다면 그것으로 이자를 받을 것인지, 아니면 토지를 구입해 지대를 받을 것인지 결정할 것이기 때문이다. 토지는 안정성이 크기에 매력이 있는 선택이다. 따라서 이자율이 하락하면 토지의 가격은 오르며 그 역도 성립한다. 이자율과 토지의 가격은 반비례 관계에 있다.

자본의 각기 다른 사용에 대하여

▶ 이해를 위한 예비노트

 우리는 자본과 자본재를 구분해서 생각하는 경향이 있다. 즉 자본은 화폐고, 자본재는 생산에 필요한 기계나 설비 같은 것이라고 착각하는 것이다. 하지만 애덤 스미스는 전 장에서 자본이란 자산이 소모되지 않고 저축된 것이라는 개념을 분명히 하고, 화폐란 그러한 자산이나 자본의 가치를 표시한 것으로, 구매력을 나타내는 교환의 수단임을 분명히 한다. 따라서 누군가 화폐를 많이 보유하고 있다면, 그는 그 화폐로 자본과 교환할 능력이 크다는 것일 뿐, 자본 그 자체를 가지고 있다는 의미는 아니게 된다. 즉 자본은 언제나 생산적 가치 창출에 사용될 수 있는 자산적 의미가 된다. 앞에서 예로 들었던 도예가의 경우, 장인이 직접 채취한 흙과 같은 것은 그가 집의 장독을 만들 때는 소비되는 자산이지만, 그것으로 상품을 만들어 팔 때에는 자본의 역할을 한다. 그가 흙으로 내다 팔 도자기를 굽는 가마를 만들면, 그때 사용되는 흙도 자본이 된다. 또 남는 흙을 이웃 도예가에게 빌려주고 나중에 그 흙에 더해 흙을 받거나, 땔 나무를 받거나 내다 팔 수 있는 다른 도자기를 덤으로 받는다면, 그 흙 역시 자본이 된다. 즉 자본이란 자신이 가진 것들 중에 쓰지 않고 저축해서 수익을 창출하기 위해 사용하려는 것을 말한다. 그것을 증서나 어떤 교환 수단에 의해 표시하면 그것이 곧 화폐가 되는 것이다.

▶ 〈국부론〉의 내용

자본은 네 가지의 다른 방법으로 사용될 수 있다.

1) 매년 한 사회가 이용하거나 소비에 요구되는 원료의 확보

2) 즉각적인 이용과 소비를 위한 원료의 제조와 비축

3) 원료 또는 제조 생산물에 대해 풍부한 지역에서 모자라는 지역으로의 운송

4) 그러한 원료와 제품에 대해 수시로 발생하는 수요를 위한 분할 (e.g 창고)

이러한 각각 네 가지 방식의 자본 이용은 필수적이다. 위의 네 가지 방식 가운데 하나의 경우라도 자본을 이용하는 이들은 스스로 생산적 노동자들이다. 왜냐하면 그들의 노동은 자신이 속한 사회의 생산과 연간 가치를 증폭하기 때문이다.

농업에 이용되는 자본은 가장 생산적이다. 그 이유는 농업의 경우 인간의 노동을 제외하고 자연이 하는 노동에는 아무런 비용이 들지 않기 때문이다. 그러한 농사가 끝난 뒤, 자본이 투입된 농산물의 가공, 제조는 대단히 큰 생산적 노동을 발생시킨다. 따라서 연간 생산물에 가장 큰 부가가치를 더하게 되는 것이다.

자본은 토지를 개량하거나 경작하는데, 그리고 가공 제조와 기초 원료의 생산과 소비에 사용될 수 있다. 또 자본은 그러한 잉여물을 국내 수요가 있는 곳에 교환을 위하여 운송되는데 사용될 수 있다. 그야말로 자본은 스미스가 상업이라 분류하는 농업과 제조업, 그리고 유통업 전반에 사용될 수 있다. 만일 한 국가의 자본이 생산, 제조, 유통, 분할 등의 영역에서 이를 충분히 수행할 수

없을 정도일 경우, 자본은 연간 생산에 가장 가치를 더할 수 있는 부분에 집중되어져야 한다. 농업이 그러한 경우다. 식민지의 경우, 농업에 대한 자본이용에 대해 초점을 맞춰보면 풍부한 생산에 자본이 최적화되는 방향이 명백하게 드러난다.

 국내(영국)에서 교역에 사용되는 자본은 해외에서의 소비나 교역되는데 사용되는 자본보다 국내에서 생산적 노동을 더욱 강화할 것이다. 해외 교역은 반드시 잉여생산물이 국내 소비로 다 해결되지 못하는 경우에 이뤄져야 한다. 자본의 잉여에서도 마찬가지다. 만일 자본이 국내에서 적절하게 사용될 수 없는 경우에, 자본은 해외에서 더욱 생산적으로 사용되어져야 한다.

제3장
서로 다른 나라들 간에 부유함의 발전에 대하여

▶ **이해를 위한 예비노트**

〈국부론〉 3편은 경제사적으로 서로 다른 역사와 문화를 가진 사람들의 터전에서 부(wealth)가 어떤 경로를 거쳐 축적이 되어 왔는지를 설명한다. 이때 스미스는 그러한 사람들의 자발적이고 자연스러운 정치·경제사회를 Nation이라는 개념으로 제시한다. 이를 '근대국가'라는 개념으로 파악하는 데는 일정부분 무리가 있다. 도시와 시골, 중심과 변방이라는 country 개념을 염두에 두고 스미스의 설명을 이해해야 이 장들의 윤곽이 바로 잡힌다.

부유함의 자연적 발전에 대하여

▶ **〈국부론〉의 내용**

스미스는 지역과 도시, 도시와 시골이 밀접하게 연결되어 있음을 지적한다. 즉 지역의 주민들은 자신들이 생산한 기초적 산물을 도시의 제조품이나 상품과 교역한다. 비록 도시가 원료를 지역에 의존하고 있다고 해서 그러한 교역이 지역에 손실을 입히는 것은 아니다. 도시는 지역의 잉여물을 소화하는 시장의 능력을 갖추고 있기 때문이다.

원료가 사치품에 앞서기 때문에, 지역에서 경작과 개발은 사치품을 생산하는 도시의 산업적 성장과 개발에 선행한다. 사물이 그 자연적 발전에 놓이면 사람들은 최대한 자본을 사용해서 재화를 원격지에까지 내다 팔고자 한다. 따라서 성장하는 사회에서 사물의 자연적 발전은 자본의 가장 큰 부분을 농업에 우선적으로 사용하려 한다. 비록 이러한 현상이 대부분의 사회에서 자연적 발전양태라 하더라도 애덤 스미스 시기의 유럽에서는 그와 같지 않은 많은 사례들이 있었다. 스미스는 다음 장에서 이를 자세히 설명한다.

로마제국의 몰락 후, 고대 유럽의 농업부진에 대하여

▶ 〈국부론〉의 내용

이 장에서 애덤 스미스는 장자 상속법을 비판한다. 이 법은 로마제국의 멸망 후, 유럽에서 후손의 여러 사람들이 토지를 분할 분배받아 소유하지 못하게 만들었다. 애덤 스미스는 가장 큰 토지의 소유자들일수록 가장 비효율적인 토지의 개량자임을 논증한다. 스미스는 장자 상속법이 대토지의 상속자들인 특정 계층들로 하여금 자신의 토지를 생계수단으로 삼아 개발하고 투자하지 않게 만드는 점을 비판한다. 이러한 토지를 경작하는 노동자들 역시 토지에 대한 소유권이 없는 농노 신분이었기에 토지를 개량하고 개간할 위치에 있지 않았다. 설령 농노들이나 소작인들이 토지를 개량할 수 있었다고 해도, 그들은 지주로부터 그의 노력에 상응하는 대가를 얻을 수 없었다. 땅에 대한 소유권이 없었기 때문이다.

  스미스는 농노들이 생산적인 토지의 개량과 경작시스템으로부터 얻은 이익에 대해 눈뜨지 않는 한, 생산의 잉여를 축적하기 위해 더 열심히 노력하고 힘들여 일하지 않을 것임을 설명한다. 농노가 여전히 존재했던 애덤 스미스의 시대에는 지주로부터 토지를 빌려 경작하고 지대를 지불하는 자영농이 광범위하게 존재했다. 이러한 자영농은 농노제보다는 우수한 것이었다. 그들은 자신들의 노동으로부터 직접 이익을 가질 수 있었다. 따라서 그들은 농노보다 더 열심히, 그리고 효율적으로 일하는 것이 보통이었다. 하지만 대체로 이러한 임대차는 단기적이었고, 따라서 자영농들은 자신들의 생산을 증대시키는 투자에 망설이지 않을 수 없었다. 만일 임대차 기간이 장기적이 아니라면 그들이 애써 개간한 농지의 생산물은 온전히 자신들에게 귀속될 수 없다는 사실을 알기 때문이었다. 간단히 말하자면, 유럽의 고대 토지정책은 그 자체로 토지의 개량과 경작을 효과적으로 하게하는 시스템이 아니었던 것이다. 유럽은 토지를 경작하는 이와 그로부터 이익을 누리는 이들을 분리하는 시스템을 가지고 있었다고 할 수 있다.

로마제국의 멸망 후, 도시의 흥기와 발전에 대하여

▶ 〈국부론〉의 내용

로마제국의 몰락과 함께 도시의 붕괴가 이뤄지면서 주민들은 대단히 노예적인 삶 속에서 떠돌이 교역을 했다. 그들은 지역과 지역, 그리고 시장과 시장을 떠돌며 도로와 다리를 건너며 통행세를 냈다. 하지만 그들의 자유는 토지를 가진 자들에 비해 형편없었다.

상대적으로 도시에 거주했던 자들, 즉 애덤 스미스가 부르거(burghers: 이들은 후에 부르주아를 지칭하게 된다)라고 불렀던 이들의 자유는 토지 소유자들에게 일정한 지대를 지불함으로써 특정한 지역의 주권을 갖게 되는 풍조로부터 얻어졌다. 이러한 지대는 통상 고정률이었다.

부르주아들은 지방 정부의 법과 기업들을 세워나갔다. 그들은 자신들을 보호할 군대를 창설할 수 없었다. 그렇다고 자신들의 재산을 탐하는 대영주로부터의 보호도 원치 않았기에 부르주아들은 강도들이나 외적에 대항하기 위해 이웃들과 연대를 구축해 나갔다.

대영주들의 적대적인 태도로 인해 부르주아들은 주권을 지키기 위해 서로 그 의무를 맡게 되었다. 부르주아들의 주권 수호는 대영주들을 모략하는 방식으로 이뤄졌다. 그들은 자신들의 행정관 및 판사들을 가졌고 안보를 위해 성을 쌓았다. 그리고 할 수 있는 최선의 방어책을 구축했다. 종종 부르주아는 자신들의 군대를 창설했다. 이러한 방식으로 부르주아들은 질서와 좋은 정부를 도시에서 구축할 수 있었던 반면, 도시 밖의 시골 주민들은 여전히 폭력과 무질서에 시달려야 했다. 유럽에서 이러한 안전에 대한 불균형은 부요의 자연적 발전에 방해가 됐다. 즉 제조업이 번영하기 위해 필요했던 토지의 완전한 개발이 어려웠던 것이다. 애덤 스미스는 이탈리아의 부유한 도시들의 경우, 교역로를 따라 해외교역이 일찌감치 우위를 차지했던 점을 지적한다.

도시의 상업은 시골을 어떻게 발전시켰나

▶ 〈국부론〉의 내용

상업과 제조업이 왕성했던 도시는 그들이 속한 지역의 경작을 개선시키는데 다음과 같은 세 가지 방식으로 기여했다.

첫째, 원료와 기초 물품을 생산하는 시골지역에 시장을 제공해서 그 경작과 개량을 촉진시켰다. 그 수혜는 전국적으로 확장되었는데, 상인들이 특정 지역의 물품을 거래가 되는 지역이라면 어디든 찾아가 팔았기 때문이다.

둘째, 도시의 주민들 가운데 부를 획득한 자들은 자주 개발되지 않은 경작지들을 사들였다. 상인들은 지역의 신사계층이 되는 것을 좋아했다. 이들 새로운 신사계층은 그 지역에서 수입이 없던 토박이 신사계층보다 더 의욕적이고 혁신적인 방법으로 토지를 개선해 나갔다.

셋째, 상업과 제조업은 개인의 자유와 안전을 보장하는 질서와 좋은 정부를 점진적으로 불러왔다. 이전에는 많은 사람들이 이웃과 함께 거의 내전에 가까운 상태로 살았기에 자연스럽게 힘의 우위가 지배하고 있었다.

이 장에서 애덤 스미스는 낭비벽이 있는 거대한 상속자들의 생활방식이 결국 지속 가능하지 않게 됨에 대해 논변한다. 부와 특권의 격에 맞는 생활은 매우 비싸게 먹혔기 때문이다. 그런 비용은 계속 상승했다. 대토지를 소유하고 종을 거느리는 제도는 미미한 생산물만을 허용한다. 그러한 생산은 상속자들로 하여금 호사스러운 삶을 지속하게 만들지 못했다. 따라서 그런 이들의 수는 점차 감소하게 된다. 애덤 스미스는 상업이 발달한 나라에서는 그런 상속 귀족들이 늙고 얼마 없는 것에 반해 상업이 발달하지 못한 나라에서는 여전히 그러한 상속 귀족들이 많다는 점을 지적한다.

애덤 스미스는 식민지인 미국의 성장률과 유럽의 성장률을 대조한다. 미국은 한 세대 만에 인구가 두 배로 느는데 반해, 유럽에서는 같은 인구 성장률에 500년이 걸렸다는 것이다. 애덤 스미스는 그러한 원인을 유럽의 장자 상속제도에 돌린다. 즉 사회 경제의 개선과 생산성을 유럽의 장자 상속제가 억누르고 있었다는 이야기다.

제4장

정치경제의 체계들에 대하여

▶ 이해를 위한 예비노트

우리는 이제까지 설명에서 애덤 스미스가 생각한 국부는 금과 은의 보유에 달려 있지 않음을 이해했다. 화폐의 본질적 가치는 그것을 지급 보증하는 금과 은의 보유량에 달린 것이 아니라, 한 경제체제에 참여해서 교환되는 자본화된 자산의 가치이자 동시에 상품과 노동, 자본에 대한 구매력의 가치인 것이다. 따라서 누구든 다른 사람들에게 유용한 자산과 자본을 갖고 있다면 그것을 청구하는 담보로 화폐를 발행할 수 있게 된다.

실제로 우리는 현대 사회에서 기업들이 자신의 자산을 신용으로 각종 가상화폐들을 발행하고 있음을 본다. 예를 들어 백화점에서 발행하는 상품권이나 기업의 어음 등이 그러한 것이다. 신인도가 높은 기업의 주식이나 채권도 할인될 수 있다면 화폐의 기능을 갖는다. 구소련에서는 국영기업들이 노동자에게 임금을 주지 못하는 경우 보드카를 임금으로 지급했는데, 이 보드카는 다른 물건들과 교환할 수 있는 화폐의 역할을 했다. 2차대전 시에는 포로수용소에서 담배가 화폐의 기능을 했다. 보드카와 담배는 많은 사람들이 수요로 하기에 교환가치가 있었으며, 그러한 가치가 바로 화폐의 본질이 되는 것이다.

애덤 스미스는 영국을 비롯해 각 나라들이 화폐를 발행하는데 가치기준이 되는 금과 은을 서로 확보하기 위한 무역전쟁을 어리석다고 봤다. 그러한 무역전쟁은 종종 중상주의로 등장해서 국가가 독점무역을 유지하거나 보호무역을 취하는 정책들을 낳았다. 애덤 스미스는 그러한 정책들이 잘못된 것이며 자유무역이 서로에게 이익임을 논증한다.

상업적 또는 상업적 체계의 원리

▶ 〈국부론〉의 내용

애덤 스미스는 기존의 정치와 경제학설에 대해 격렬한 비판을 제기한다. 많은 이론들이 국가의 부와 풍요로움의 발전에 해가 되거나 오히려 반대가 됨을 지적한 것이다.

먼저 애덤 스미스는 부가 화폐, 즉 금과 은으로 구성되어 있다는 생각을 비판한다. 이러한 착각은 화폐가 상업의 도구로서 사용되고 있다는 점, 따라서 화폐가 진정한 부의 측정치인 상품과 노동의 확보수단이 된다는 오류에 기인한다고 스미스는 논파한다. 화폐와 부를 동일시하는 착각 때문에 많은 나라의 정부들은 금과 은의 해외유출을 금지했다. 하지만 상업사회에서 상품의 구입에 사용된 금과 은이 수출된다고 해서 그 나라의 귀금속 양을 언제나 감소시키는 것이 아님을 알 수 있다. 오히려 금, 은의 수출은 자국의 상품 수출을 늘려서 그 대가로 받는 금, 은의 보유량을 증가시킬 수도 있다. 정부가 금, 은의 수출을 규제하려해도 소용이 없다. 왜냐하면 밀수가 가능하기 때문이다. 귀금속의 해외유출을 막는 유일한 방법은 무역의 균형을 유지하는 길이다. 애덤 스미스는 정부가 귀금속의 해외유출을 보호하려는 정책은 귀금속이 아닌 다른 상품의 해외 판매를 규제하려는 것만큼 소용이 없는 일임을 주장한다. 상품 유통량은 언제나 시장에 의해 규율되기 때문이다.

국내 생산이 가능한 재화의 수입제한

▶ 〈국부론〉의 내용

다음으로, 애덤 스미스는 보호무역 관세가 국내 산업을 육성하는데 도움이 된다는 생각을 비판한다. 외국과의 교역은 두 가지 방식으로 이익이 된다. 먼저 한 나라의 수출은 그 나라에 더 이상 수요가 없는 잉여 생산물을 처분하는 것이다. 동시에 그렇게 함으로써 국내에 수요가 있는 상품을 수입하게 된다. 둘째, 외국과의 무역은 수요가 없는 생산 잉여물에 가치를 부여하는 것이다. 만일 그러한 외국과의 교역이 없다면 잉여생산물은 가치가 없게 된다. 해외무역은 시장을 넓히는 효과를 가져온다. 그렇게 새로운 상품의 수입은 국내의 노동 분업을 더욱 촉진시키고 완성도를 높이게 된다. 스미스는 미국 식민지의 예를 든다. 유럽에 부를 가져다 준 미국과의 교역은 미국에서 새로운 금과 은이 발견되었기 때문이 아니라, 교역이 가능한 시장이 새로 생기거나 더 커졌기 때문이다. 이러한 시장의 확대가 노동의 분업을 더욱 촉진시켰던 것이다.

부가 금과 은 같은 귀금속에 달려있다는 오해는 상인들에 의해서도 유지되는데, 애덤 스미스는 외국에서 상품을 수입할 경우, 그 대가로 금과 은이 지불되므로 결국 수입은 부의 감소를 가져온다는 생각이 수입을 규제하게 만든다고 지적한다. 그 결과 정부는 수출을 늘리고 수입을 규제하는 것이 국가의 부를 키우는 것이라는 착각을 하게 된다.

스미스는 해외 상품의 수입규제는 국내 시장에서 독점을 형성시킬 수 있는데, 그렇게 되면 독점 생산자에게는 이익이 될지 몰라도 그 이익이 한 사회 전체의 이익이 되는지에 대해서는 의문을 제기한다.

무역에 대한 오해와 편견

▶ 〈국부론〉의 내용

　이 주제에 대해 애덤 스미스는 유명한 명구들을 만들게 된다. 즉 모든 개인들은 각자 그들이 사용하는 자본이 요구되는 가장 유리한 방법을 찾기 위해 끊임없이 노력하며 개인들은 그러한 자본으로부터 이익을 볼 수 있다고 생각한다. 또한 각자의 그러한 활동들이 결국 사회에서 가장 이익이 되는 자본의 활동을 이끌게 되는 것이다. 이렇듯 두 가지의 상황이 조화를 이룬다면 대부분의 사람들은 가능한 국내에 자본을 투자하는 것을 선호하게 된다.

　국내에 자본을 투자하는 개인들은 대부분 자신들의 투자자본이 국내 산업에서 가장 큰 가치를 생산하도록 노력한다. 그렇게 되면 그 산업들이 생산하는 가치 역시 가능한 최대화 된다.

　내버려 두면, 사람들은 각자 자신에게 가장 좋은 방법을 찾게 되며, 그 결과 사회에도 가장 좋은 선택이 이뤄지게 된다. 만일 입법가가 수입을 금지하는 법안을 만들게 되면 그것은 입법가들이 생산자들에게 자본의 최적 사용방법을 알려주는 것이 된다. 하지만 해외 상품이 국내 상품 만큼이나 싸게 구매될 수 있다면 그러한 규제는 사실상 아무런 의미가 없는 것이 된다고 스미스는 주장한다. 상인들은 자신의 자본을 굳이 해외에 쓸 일이 없기 때문이다. 하지만 만일 해외 상품이 국내 상품보다 더 싸게 구매될 수 있다면 그러한 규제는 해로운 것이 된다. 모든 교역에서 어떤 신중한 사업가도 팔 수 있는 가격의 자기 제품을 더 싸게 팔려고 하지 않기 때문이다. 그러한 점을 들어 애덤 스미스는 수입에 대한 규제는 실제로 어느 사회에서든지 시간이 흐름에 따라 자국의 산업을 강화시키지 못하게 됨을 논증한다. 즉 어떤 산업이 수입규제에 의해 빠르게 그 제품을 생산하고 있다고 하더라도, 그 산업은 한 사회내의 자본이 증가하는 범위 안에 있게 된다. 그리고 한 사회내의 자본은 그 이윤의 저축에 의해 증가된다. 따라서 국내에서 제조하는 것보다 해외의 상품을 구매하는 것이 유리한 경우에 즉각적인 수입금지 규제는 자본과 노동을 보다 불필요한 곳으로 이동시키는 것이 된다. 그러므로 그러한 조치가 있을 때마다 오히려 자본가의 이윤은 감소한다.

애덤 스미스는 수입금지가 필요한 산업의 영역이 있음을 부정하지는 않는다. 예를 들어 국방과 같은 분야에서는 어느 정도 수입에 대한 제한이 필요함을 인정한다. 아울러 국내에서 세금이 부과되는 상품의 경우, 자국의 산업을 보호하기 위해 관세를 설정하는 것은 이익이 될 수 있다.(애덤 스미스의 이러한 생각은 국내 생산자에 대한 역차별을 막기 위한 것이다.)

애덤 스미스는 대부분의 나라에서 상품에 세금을 부과하기 때문에 결과적으로 상품의 가격이 비싸짐을 논증한다. 따라서 이러한 부가 비용을 줄이기 위해서는 공정성을 위해 해외 상품뿐만 아니라, 국내 상품에 대한 세금부과에 신중할 필요가 있다.

애덤 스미스는 관세보복에 대해서도 문제점을 지적한다. 한 국가가 다른 국가의 상품에 관세를 매길 경우, 상대국도 보복관세를 매기게 되는데 이렇게 되면 결국 상품의 가격만 높이게 되어 모든 사람을 처벌하게 되는 결과를 낳게 된다. 스미스는 그러한 행위는 정책적으로 부당하다고 지적한다. 애덤 스미스는 자국의 노동자들을 보호하기 위해 수입품에 관세를 매기는 문제에 대해서는 부정적이지 않았다. 만일 필요하다면 국내 시장이 새로운 경쟁에 대비할 수 있도록 관세를 매길 필요가 있으며 그러할 경우, 무역의 자유는 어느 정도 유보되어야 할 것임을 주장한다.

높은 관세는 다른 원리들에 비추어 봐도 역시 현명치 못하다. 애덤 스미스는 두 나라 사이에 보조금이나 관세가 없이 자유무역이 이뤄지고 있는 상태에서는 그러한 교역은 양쪽에 언제나 균등한 이익을 주지는 않더라도 상호에게 이익을 가져다준다. 다시 말해 자유로운 무역은 어느 한 쪽이 덜 이익을 볼 수 있을 수는 있으나 손해를 본 것은 아니다.

애덤 스미스는 무역에 있어서 이렇듯 오해와 편견이 존재하는 이유를 상인과 자본가들이 독점을 취하고 싶은 열망에서 비롯된다고 해설한다. 스미스는 일반적인 믿음과는 달리, 서로 자유롭게 무역을 하는 이웃을 두는 것은 이로운 일이라 말한다.

세금의 환급

국내에서 독점에 만족하지 못하고 해외에 적극적으로 자신의 상품을 수출하고자 하는 상인들은 정부에 수출에 대한 인센티브를 청원하게 된다. 관세의 환급이 그러한 것이다. 관세환급은 상인들에게 국내 산업에 부가된 물품세나 소비세의 일부를 환급받게 만드는 효과가 있다. 따라서 애덤 스미스는 관세환급이 국내 물품세가 없었을 때보다 더 많은 상품을 수출하게는 하지 못한다는 점을 지적한다. 아울러 관세 환급은 자본으로 하여금 국내 세금이 없었을 경우에 비해 더 많은 투입을 만들어 내는 것이 아니다. 다시 말해 자본은 국내 산업에 세금이 부여되지 않았을 때만큼 정도로 생산에 기여했을 뿐이다.

애덤 스미스는 관세환급이 자국에 금은의 보유량을 늘려 주리라 기대한 중계무역을 장려하기 위해 도입되었지만, 결국 수출과 수입의 결정이 시장원리에 이뤄지기 때문에 대부분 쓸모없다는 점을 밝힌다. 다만 관세환급은 어느 국가에 수출이 확정된 경우에는 유용할 수도 있다. 관세환급은 오히려 남용되기 쉽고 밀수를 통해 소비되는 경우 정직한 상인들과 사업에 해를 끼치게 된다.

보조금과 통상조약

　수출 보조금은 상인들로 하여금 해외시장에서 경쟁하는 대신 자신의 상품을 더 싸게 팔게 하는 효과를 준다. 일반적으로 수출 보조금은 수출을 늘려서 무역 수지를 좋게 만들어 국내에 유리하게 된다고 생각된다. 애덤 스미스는 물론 보조금이 없었다면 수출하지 못했을 그러한 상품이 교역되게 만든다는 점은 인정한다. 하지만 모든 산업에서 재화의 가격은 상인들에게 자산의 일반적인 이익으로 평가되고 이에 따라 시장에 내놓을 재화에 자본이 준비되고 사용되기에 보조금은 사실 필요가 없는 것이다.

　보조금은 국가들이 서로 거래할 경우, 한 국가를 항상 패자로 만들게 되는 위험이 있다. 즉 보조금은 재화에 들어간 비용보다 더 낮게 시장에서 팔 수 있게 하기 때문이다. 보조금을 누리는 상인들은 보조금으로 인해 손실을 보전 받을 수 있기에 자신의 자본을 생산에 효율적으로 사용할 것을 강요받지 않게 된다. 결국 시간이 지남에 따라 보조금은 그 나라에게 커다란 해가 되는 것이다.

　실제로 보조금은 언제나 국내 시장에 해를 끼친다. 보조금은 상품과 교환될 금, 은의 양을 늘리게 됨으로써 상품의 명목가격을 인상시킨다. 이로 인해 내수 제조업자들에게는 아무런 혜택도 없이 실망만 안기게 되는 것이다. 보조금은 실제로 이해관계자의 주머니를 채워주는 것이다. 하지만 이러한 돈은 보조금에 의한 인플레이션이 만든 가치라면 그 의미가 없게 된다.

서로 서로 특혜무역을 주는 나라들은 독점을 만드는 것과 같다. 왜냐하면 교환의 자유가 부족해지면 특정 상인들은 다른 이에 대해 상당한 이익을 볼 수 있기 때문이다. 비록 특혜무역이 개인들에게 이익을 가져다 준다고 하더라도, 이러한 개인들의 재화를 환영하는 나라에는 이익을 주지 못한다. 특정 국가와의 거래에 특권을 부여하는 것은 그 나라의 무역 파트너들의 자유로운 경쟁에 의해 거래하는 것에 비해 그 나라가 수출하는 제품에 종종 더 많은 돈을 사람들이 지불하게 만든다. 그 이유는 수입 국가의 연간 생산의 가치로 볼 때 상대국의 낮은 가치를 특혜무역으로 인해 더 많이 주고 교환해야 하는 경우가 있기 때문이다.

이러한 조약들은 애덤 스미스 시대에 상당한 유행을 탔다. 그것은 외국과 무역을 할 때 독점을 허용하면 전체적으로 많이 수출하고 덜 수입할 수 있어서 국가의 부라고 여긴 금과 은의 보유량을 늘릴 수 있다는 잘못된 믿음이 불러 온 것이다. 무역을 하는 개별자들의 이익이 아니라, 전체적 이익이라는 개념이 작용하고 있었기 때문이다.

식민지와 중상주의

이 장에서는 '새로운 식민지 건설의 동기에 대하여'라는 부제가 붙어 있다.

스미스는 북아메리카와 서인도의 식민지를 고대 그리스와 로마가 건설한 식민지들과 비교한다. 고대에는 식민지들이 일차적으로는 도시국가의 인구증가로 인해 건설됐다. 즉 토지소유를 위한 수요가 그러한 질서를 만든 것이다. 이러한 식민지들은 모국에 대해 강한 문화적 연대와 군사적 로열티를 갖고 있었다.

유럽이 북미와 서인도에 건설한 식민지는 필수품이 부족해서가 아니었다. 그럼에도 불구하고 유럽은 자신들의 식민지가 대단히 유용하다는 사실을 증명해 왔다. 식민지 초기에 유럽은 보잘 것 없는 이익에 비해 막대한 지출을 감수해야 했다. 따라서 초기에는 호기심에 의한 탐험이 주로 이뤄졌지만, 결국 북아메리카에 막대한 금이 있다는 행운으로 귀결됐다.

애덤 스미스는 그러한 금과 은의 광산을 찾아 헤매는 것을 비판했다. 그는 이러한 모험의 성공률은 극히 낮음에도 인간의 본성상 자신은 운이 좋다고 믿기에 그러한 금맥탐사의 위험을 기꺼이 사람들이 감수하게 됐음을 지적한다.

애덤 스미스는 새로운 식민지의 번영원인에 대해 고찰에 나선다. 그는 먼저 선진국들에 의해 개발된 식민지의 경우, 희박한 인구가 땅을 차지하게 됨에 따라 그 어느 사회에서보다 먼저 부에 접근한다는 점을 분명히 했다. 그렇게 되는 이유는 식민지 개발자들이 선진적 농경지식과 다른 기술들을 가지고 거의 경작이 불가능할 정도의 땅을 얻게 되고, 심지어 지대나 세금의 부담을 지지 않기 때문이다. 오로지 자신의 노동으로 거둔 결실을 다른 사람들과 나눠야 할 이유가 없기에 식민지 개척자들은 모국의 유럽인들보다 더 열심히, 그리고 효율적으로 일하게 되는 동기를 갖게 된다. 주어진 풍부한 자산으로 인해 노동임금 역시 높게 된다. 이러한 조건이 단시간에 건강하고 잘 부양된 인구의 증가를 가져오게 된다.

애덤 스미스는 모국이 식민지를 개척자들의 손에 맡기면 맡길수록 그들의 자유는 더욱 늘어나게 되는데 달리 말하자면 식민지는 더 성장하고 확장되는 것이다. 스미스는 또한 식민지가 하나의 기업에 의해 독점경영이 되면 상대적으로 자유로운 무역과 주민들이 자치적으로 결정하는 새로운 식민지보다 성장이 더 느리게 된다고 말한다. 이러한 이유로 애덤 스미스가 〈국부론〉을 쓰는 기간에 영국의 식민지인 북미는 가장 성공적이고 번영할 수 있었다.

영국이 가진 북미 식민지의 정치적 상황은 토지의 경작과 개선에 더 좋은 땅을 가진 다른 어떤 나라의 식민지 상황보다 유리했다. 첫 번째 요소로 영국 식민지의 법은 한 사람이 개간하고 경작할 수 있는 만큼의 토지 소유에 제한을 두었다. 이렇게 함으로써 토지의 손실을 막을 수 있었다. 두 번째로, 신대륙의 식민지에서는 장자 상속제가 없었기에 유산은 자녀들에게 골고루 배분됐다. 세 번째로, 낮은 세금으로 인해 이익이 최대화되는 범위까지 개간과 경작이 이뤄지는 동기가 제공됐다. 결국 잉여생산물의 처분과 관련해서 영국의 북미 식민지들은 최대한의 수출이 가능한 시장을 갖게 된 것이다.

애덤 스미스는 영국의 북미 식민지들이 모국과의 거래로부터 풍요와 산업의 발전을 이루었다기보다는 그들 식민지 이웃 간의 거래로 시장과 산업이 커졌다는 점을 지적한다. 스미스는 그러한 점에 대해 영국이 북미 식민지로부터 얻은 것이 없다고까지 사람들이 말하게 되는 이유라고 지적한다. 결국 영국이 북미 식민지에 간섭하고 규제를 늘림에 따라 식민지의 상황도 악화됨에 이르게 되었다는 것이다.

애덤 스미스는 영국의 북미 식민지에 대해 오히려 많은 자치권을 허가하고, 그들 스스로 입법과 행정관을 선출하게 해서 모국과 자유로운 교역을 허가했더라면 식민지를 통치하는데 드는 비용이 줄어들어 양쪽 모두 더 많은 이익을 보게 되었을 거라는 점을 역설한다. 하지만 모국의 국가적 자존심과 정치인들이 그러한 점을 허락할 수 없었고, 모국과의 무역에 독점을 허가하면서 양쪽의 거래비용이 높아졌다는 점을 지적한다. 특히 영국이 동인도회사를 통해 독점 경영한 인도의 식민지의 경우, 상인들이 독점 무역을 위한 모순적인 통치로 인해 인도인들의 저항이 심해질 것이며, 그럴 경우 통치비용이 더 많이 발생해서 인도의 식민지경영은 어려움을 겪게 될 것이라고 전망하기도 했다.

제5장

주권자 또는 국가의 수입에 대하여

▶ 이해를 위한 예비노트

〈국부론〉 제5편은 국가의 재정 수입이 되는 조세와 공공지출, 국공채에 대한 설명이다. 애덤 스미스의 시대는 근대왕정의 시기였기에 주권은 국왕에게 있었다. 오늘날 왕실의 개념은 정부로 해석할 수 있다. 즉 정부의 예산과 지출, 그리고 국가의 채무는 어떤 원리에 입각해야 하는가에 대한 설명이다. 애덤 스미스는 국가의 가장 중요한 목적은 국민의 생명과 안전, 그리고 재산을 지키는 것임을 분명히 한다. 국가의 재정은 국민의 부에서 추출되는 것이므로 재정에 낭비가 없어야 하며, 공공사업의 경우 수요자 부담이 원칙이어야 함을 강조한다.

이러한 〈국부론〉의 주장은 현대 경제학에서 공공선택론(Public Choice)으로 계승 발전됐다. 즉 공공재의 보급은 필요(needs)에 의해서가 아니라, 수요(demand)를 중심으로 비용-편익을 따져야 한다는 것이다. 수요가 필요와 다른 것은 공공재를 이용하고자 하는 이들이 필요한 만큼의 비용을 지불할 능력이나 의사가 있느냐의 차이다. 애덤 스미스는 공공재의 보급은 언제나 시장을 창출하려는 목적이 있어야 하며, 그러할 경우 그 공공재는 낭비가 아니라 생산적일 수 있음을 논증한다.

주권자 또는 국가의 비용

주권을 가진 국가의 가장 중요한 의무는 외적과 내부의 폭력으로부터 사회를 방어하는 것이다. 그리고 이러한 일은 오로지 군사력에 의해서만 가능하다. 전시와 평화시기에 이러한 방위비는 각 사회가 처한 상황에 따라 다르다.

애덤 스미스는 이러한 군사력의 자연적 속성에 대해 그 역사적 고찰로 시작한다.

한 사회의 이동성이 높으면 높을수록 그 사회의 인구에서 전투에 동원되는 인구의 비율은 높아진다. 한 사회의 인원들이 영구 정착해 농경에 접어들면 그 사회는 이동 사회보다 외적의 침입에 대비해 보다 빠르고 효과적으로 자신들을 방어할 수 있게 된다. 현재 국가들이 가진 가장 의미심장한 질문은 전문화된 병력을 상비군으로 운영하느냐, 아니면 시민들을 일정기간 훈련시키는 예비군제가 나으냐하는 문제다. 애덤 스미스는 결론적으로 전쟁이 다가오게 되는 때에는 비록 정부에 대한 도전과 주권에 위험이 있더라도 상비군 체제가 유리하다고 판단한다.

국가의 두 번째 책무는 사회의 불의하고 폭압적인 이들로부터 시민들을 보호하는 것이다. 원시사회에서는 오늘날 우리가 이해하는 재산권의 개념이 없었다. 따라서 행정이나 사법부와 같은 존재가 필요치 않았다. 사람들이 자신의 동료 시민들에게 분명히 위해를 끼칠 수 있는 때에는 사람들에게 소유권(재산권)이나 부의 축적은 의미가 없게 된다. 애덤 스미스는 '통제되지 않는 탐욕(avarice)'이 범죄의 원인이라고 보았다. 따라서 그러한 탐욕이 범죄가 되지 않도록 정의가 존재해야 한다.

스미스는 또 공공사업의 비용이 어떻게 배분되는가에 관해서도 논한다. 그는 생산성이 높은 나라일수록 공공사업 비용이 높게 발생한다고 주장한다. 그 이유는 그러한 나라일수록 공공사업의 강도가 높게 발생하기 때문이다. 따라서 공공사업에 적지만 이용료를 부가하면 그 공공사업의 구축과 유지는 가장 수요가 많은 쪽에 효율적으로 작동하게 된다.

애덤 스미스는 공공사업에 민간 펀딩의 가능성을 검토한다. 만일 공공사업의 수행이 민간을 통해 일어날 경우, 그는 인센티브의 유지를 위해 공공 시설물들을 더 잘 유지할 수 있게 된다. 이러한 것은 공적자금에 의해 건물과 같은 것이 완성된 후 그 관리를 민간에게 맡기는 경우를 생각해 볼 수 있다.

공공사업이 정부에 의해 유지되는 경우, 그 이용료의 사용은 그 공공사업의 유지에 사용되어야 한다. 만일 그렇지 않으면 불균형이 심해져서 산업을 저해하게 된다. 이용료를 부가하는 공공사업의 경우 이용료는 그 사업의 유지에 상한선이 있어야 한다. 그리고 친시장적이어야 한다. 어떤 상업들은 국가의 안전 보호에 놓여야 하는 경우가 있다. 특히 해외에 대규모 창고시설을 갖추는 경우, 그 안보를 위해 요새와 같은 것을 지어야 한다. 이러한 경우 그 비용은 대단히 높으며, 이는 그러한 서비스로부터 이익을 보는 그룹들로부터 비용의 일부가 나와야 한다.

애덤 스미스는 교육에 대해서도 자신의 이론을 펼친다. 그는 교육기관들이 자신들의 비용으로 학교를 운영해야 하며, 정부나 단체로부터 기금을 받아 운영하게 되면 학생들에 대한 교육의 질이 하락함을 당시 영국 대학의 상황을 예로 들어 통렬히 비판한다. 동시에 학생들로부터 인센티브를 얻지 못하는 학교들은 교사와 교수 모두 나태해지고 동료들의 나태에도 무관심해진다고 논증한다. 아울러 스미스는 학생들이 교사를 선택할 수 있어야 교사들도 학생들의 주목을 끌기 위해 더욱 노력하게 된다는 점을 역설한다. 또 애덤 스미스는 사립 교육기관들이 공공 교육기관보다 종종 우수한데, 사립학교들의 경우 학생이 최소한의 기술도 습득하지 못하고 졸업하는 경우는 없음을 든다.

반면, 공공 교육기관들의 경우 국가의 지원을 받기에 정말로 수요가 있는 교육은 도외시하는 상황을 적나라하게 폭로한다. 스미스는 그러나 가난한 계층의 자녀들을 위한 정부의 교육지원의 필요성을 강조한다. 부유한 층의 경우는 젊더라도 대개 노동을 하지 않지만, 가난한 계층의 자녀는 일찍 노동을 해야 하기 때문에 어릴 때 교육을 시키지 않으면 기회가 없다는 것이다. 따라서 이들을 위한 국가의 지원이 필요하게 된다.

스미스는 좋은 교육을 사회적 덕으로 보았다. 교육을 받은 사람들이 많으면 많을수록 사회에는 더욱 질서가 잡히고 그들의 지도자로부터도 존중을 받게 된다. 결국 교육을 받은 이들이 많은 사회일수록 그렇지 못한 사회에 비해 정치적으로도 좋은 선택을 하게 되는 것이다.

스미스는 주권자의 존엄을 유지하기 위해서는 비용이 든다는 점을 지적한다. 그러한 비용은 정부를 어떤 형태로 운영하는가에 달려 있다. 대개는 부요한 사회에서 주권자는 그러한 수준에 맞게 부요한 것이라는 말들이 있다. 스미스는 그러한 주권자의 비용은 방위와 더불어 온 사회에 이익을 주는 것이므로 사회 전체에 의해 지원받아야 함을 주장한다. 즉 세금인 것이다. 정의 역시 사회 전체에 이익을 주는 것이므로 그러한 정의를 추구하는 데에도 비용이 든다.

도로나 우편과 같은 공공시설 역시 사회 전체에 이익을 준다. 세금은 이러한 곳에 사용되어져야 한다. 하지만 이러한 공공시설이라도 그것을 가장 많이 사용해서 이익을 얻는 이들이 존재하기에 그 비용은 그러한 이들로부터 부분적인 부담이 지워져야 한다.

하지만 그렇더라도 이용자들이 도저히 부담을 할 수 없는 경우, 그 시설이 공공적 생활에 통합적이라면 그러한 공공시설은 공공의 자금으로 지어질 수밖에 없다.

공공수입(세금)과 공채

대부분의 국가들은 그 수입을 공공자산이나 토지로부터 얻는다. 자산들이 임대될 경우 이자를 받게 된다. 공공 토지가 임대되면 지대를 얻을 수 있다. 대여 자산과 빚은 토지보다는 수입 창출 면에서 불안정적이다. 큰 국가들의 경우, 자산과 토지로 국가 재정을 모두 충당하기에는 부족할 수가 있다. 따라서 국민들이 가진 재산과 소득에 국가는 세금을 부가해서 그 비용을 충당해야 한다.

스미스는 국가가 세금으로 걷을 수 있는 네 가지 대상에 대해 말한다. 즉 토지, 주택에 대한 임대로 발생하는 지대, 그리고 이윤과 특별한 고용이 그 대상이다. 스미스는 어떤 세금이 바람직한가에 대한 분명한 생각을 갖고 있었다. 그는 지대에 고정률의 세금을 부과할 경우, 토지마다 다른 생산성으로 인해 그 수확의 가치가 다르므로 일률적인 고정세는 비합리적이라 보았다. 따라서 세금은 토지의 경작수준과 생산성에 따라 그 부과율이 달라야 한다고 말한다.

하지만 기존의 관행처럼 지주가 소작인에게 계약을 갱신할 경우 지대를 올리는 것을 감안해 보면 경작지의 상태나 토지의 생산성에 비례해 세금을 부과하는 것은 문제가 있었다. 스미스는 이러한 점을 해결하려면 토지의 생산성이 아니라, 지주가 받는 지대에 세금을 매겨야 한다고 보았다. 그렇게 되면 지주나 소작인이 수확물을 감추거나 생산성을 속일 이유가 없게 된다.

스미스는 건물에 세금을 부과하는 방법에는 두 가지가 있음을 지적한다. 하나는 건물 그 자체에 부과하는 방법이고, 다른 하나는 건물의 임대료에 부과하는 방법이다. 이때 중요한 것은 건물은 토지와는 달리 생산적이지 않다는 점이다. 따라서 건물의 임대료에는 세금을 부과하지만, 거주하지 않는 건물에는 세금을 부과해서는 안된다고 주장한다. 건물 그 자체에 세금을 부과하는 것은 상품에 부과하는 물품세와 같다고 본 것이다.

스미스는 이 부분에서 두 가지 중요한 점을 지적한다. 왜 이자에 대한 세금이 지대에 부과하는 세금보다 적당하지 않은가 하는 문제가 있다. 스미스는 땅은 감추기 어렵지만, 이자가 발생하는 자본은 숨겨지기 쉽다는 점을 든다. 두 번째로 자산은 지역에서 지역으로 옮겨질 수 있기에 서로 다른 세율에 지배되는 반면, 땅은 움직이지 않는다는 점이다.

교역에 부과하는 세금은 결국 소비자에게 귀결된다. 이러한 경우 개인 재산세를 부과하게 될 경우 사람들은 세금을 피하기 위해 자신들의 자산을 숨기려는 경향이 있다.

스미스에 따르면 근대 국가들의 가장 심각한 지출은 전쟁이다. 대부분의 국가들은 전시에 빚을 지게 된다. 이것은 시장의 재투자라는 자연적 순환을 방해하고 막대한 자본을 생산성이 전혀 없는 곳에 단기간에 몰아 버리는 것이다. 평화 시에 정부의 지출은 정부의 수입과 같다. 하지만 전쟁이 발발하면 정부는 수입보다 많은 지출을 하게 된다. 그 지출의 재원은 세금일 수밖에 없지만, 전쟁의 상황 속에서 세금을 늘린다는 것은 불가능한 일이다. 하지만 정부는 개인들로부터 차입을 할 수 있다. 상업국가에서 사람들은 정부가 상업영위가 가능한 수준의 안보와 정의를 공급하는 것에 의존한다. 이러한 점에 의존해서 사람들은 정부가 자금이 절실히 필요할 경우, 정부에 자금을 빌려줄 수 있다. 물론 정부 역시 그렇게 국민에게 빌리는 자금의 조건에 대해서는 지극히 호의적인 조건을 제시할 수 있을 것이다.

제4부

〈국부론〉에 비춰본 현대경제

"자산 가운데 어느 부분을 자본으로 사용하든 그는 그것이 항상 이윤과 함께 회수될 것을 기대한다. 따라서 그것을 생산적인 일손만 부양하는데 사용하게 된다... 그 가운데 어느 부분이라도 어떤 종류의 비생산적인 일손의 부양에 쓴다면, 그 순간부터 그 부분은 그의 자본에서 빠져 나가 직접적인 소비를 위한 자산에 편입된다."

– 〈국부론〉 제3장

애덤 스미스는 〈국부론〉에서 자본의 성격은 본질적으로 생산의 수단임을 강조했다. 즉 자본이 형성되는 이유는 생산을 위해서일 뿐이고, 그러한 누군가의 자본은 다른 이의 자본이 생산한 가치에 의해 교환되어 이윤과 함께 회수되어야 한다.

그래야만 자본은 덜 효율적인 부분에 쓰이지 않고 생산성을 유지해서 지속적인 축적이 가능하게 된다. 그럼으로써 우리는 같은 자본을 가지고도 더 많은 재화와 서비스를 생산해 소비할 수 있게 되거나, 같은 수준이 소비를 위해 자본을 덜 사용하고, 남는 자본을 다른 가치의 생산을 위해 사용할 수 있게 된다.

애덤 스미스는 그러한 원리가 부의 성장임을 논증했다. 하지만 현대 경제체제에서 애덤 스미스의 그러한 원리는 종종 무시된다. 특히 자본을 국가가 효율적으로 사용할 수 있다고 믿는 사회주의나 국가자본주의 체제, 또는 소비를 성장의 동력으로 간주하는 수요중심의 케인스 경제학에서는 이윤을 통한 자본의 생산적 회수원리가 무시된다.

　이러한 상황을 가장 잘 드러내고 있는 나라가 지금 경제성장의 한계를 겪고 있는 중국이라 할 수 있다. 중국은 개방과 개혁정책으로 국민들의 일상생활에서는 경제활동의 자유를 허용해 왔지만, 주요 산업들은 국가자본에 의해 통제, 운영되는 이중 정책을 고수해 왔다. 문제는 이 국가자본에 의해 운영되는 국영기업들의 생산성이 투자한 자본을 회수하지 못하는 만성적자 상태에 놓여 있었다는 사실이다. 즉 〈국부론〉에 비추어 보자면 '비생산적 노동과 자본'을 경영하는 셈이다.

　홍콩대학과 미국의 시장경제 싱크탱크인 CATO연구소가 2014년 공동으로 조사 발표한 자료에 의하면 중국 국가자본이 경영하는 국영기업들의 수익성은 민간이 경영하는 기업들의 수익성을 한참 밑돌았다. 즉, 중국의 민간기업들은 애덤 스미스의 〈국부론〉의 원리에 따라 자신들의 자본과 노동을 생산적으로 이용하는 반면, 국영기업들은 그렇지 못하다는 결론을 얻을 수 있다. 그렇게 되면 한 사회에서 사용 가능한 자본의 양은 감소하게 된다. 중국은 외국의 자본투자로 그것을 상쇄할 수 있었다. 그러나 결국 국가 자산을 민영화하지 않는 이상, 중국 경제의 근본적인 성장에는 한계가 주어진다는 것을 우리는 애덤 스미스의 〈국부론〉을 통해 알 수 있는 것이다.

　이러한 문제는 비단 중국의 경우만이 아니라, 복지를 내세우는 국가 전반에 공통된 문제가 된다. 애덤 스미스에 따르면 한 국민은 그들이 생산한 것 이상으로 분배할 방법이 없게 된다. 복지는 그러한 생산을 일으키는 자본과 노동을 시장에서 회수할 수 없는 비생산적 방법으로 사용하는 것이 된다. 따라서 한 국가에 복지가 증대하면 증대할수록 그 사회는 그 비효율을 넘어서는 노동과 자본의 생산활동이 요구되게 된다. 이 점이 같은 레벨의 복지를 하더라도 북유럽과 남유럽의 차이라 할 수 있다. 즉 북유럽인들에게는 복지에도 불구하고 복지의 비효율을 넘어서서 생산성을 유지하는 청교도적 가치의 노동과 자본의 활동이 있는 반면, 그리스나 이탈리아와 같은 나라에서는 강력한 노조와 사회주의적 평등 이념, 그리고 카톨릭 공동체주의적 가치로 인해 그러한 생산성을 기대하기 어려운 것이 사실이다. 이렇듯 애덤 스미스가 200년 전에 발견한 보편적 원리에도 불구하고 많은 나라들에서 시장경제적 자본주의 원리가 부정되는 이유는 무엇일까. 이제부터 그 배경을 〈국부론〉에 비추어 살펴보기로 한다.

제1장

자본주의에 대한 오해와 증오

애덤 스미스의 〈국부론〉은 마르크스를 통해 자본론이 쓰여지는 계기가 됐다. 마르크스는 〈국부론〉에 등장하는 노동가치설을 근간으로, 또 〈국부론〉이 말하는 '자본의 축적과 경쟁에 의한 이윤율 하락'을 모티브로 자본주의가 고도화된 사회는 이윤율 저하로 인해 결국 거대한 하나의 독점자본으로 모아지고, 노동자인 프롤레타리아 계급과의 모순적 충돌로 인해 결국 사회주의로 귀결된다고 결론지었다. 사회주의는 자본주의 경제의 필연적 붕괴를 역사적 결정론으로 받아들이면서 자본을 타도해야 할 악(惡)으로 규정한다. 그 결과 구소련과 동유럽의 사회주의 체제의 몰락에도 불구하고 여전히 자본주의는 신자유주의라는 낙인을 통해 부정적으로 평가되는 경향이 짙다. 과연 마르크스의 주장은 옳은 것이었을까.

마르크스 자본론의 오류

이 책에서 자본론의 오류를 모두 지적하는 것은 지면의 한계를 넘어선다. 다만 마르크스가 애덤 스미스의 노동가치를 오해했다는 점은 명백한데, 마르크스는 자본의 축적이 애덤 스미스와는 달리, 본원적으로 '화폐의 축적'이라고 보았다. 이는 마르크스가 자본론에서 주장한 '화폐적 거래'와 '자본적 거래'의 구분에서 드러난다. 즉 마르크스는 자본주의하에서 오로지 두 개의 거래만이 존재한다고 주장한다. 이때 상품을 팔아 화폐를 얻은 후, 다시 상품을 구매하는 C(상품)-M(화폐)-C(상품) 거래가 화폐 순환적 거래가 된다. 이와는 별개로 화폐를 주고 상품을 산 뒤, 다시 이를 팔아 화폐를 얻는 M(화폐)-C(상품)-M(화폐)거래가 있다. 마르크스는 이를 '자본적 거래'라고 정의했다. 문제는 이 M-C-M 거래에서 마진을 취하는 M-C-M+ΔM을 통해 화폐적 자본이 축적된다는 것이다. 이때 ΔM은 '잉여가치'가 되고, 이는 자본가가 노동자를 착취한 결과라는 것이다. 하지만 눈치 빠른 독자들은 이미 알아차렸겠지만, 두 사람이 상품과 화폐를 주고 받는 것은 두 개의 거래가 아니라, 하나의 거래다. 같은 거래에서 한 쪽은 상품을 얻고 다른 한 쪽은 화폐를 얻는 것이 아니라, 상품을 구매할 수단을 얻게 되는 것이고 본질적으로는 상품의 가치, 즉 노동의 가치가 교환된 것과 같다.

애덤 스미스는 교환의 매개인 화폐에 부의 원천이 있는 것이 아니라, 화폐는 교환의 수단으로써만 가치가 있고 나머지 가치는 그 화폐를 만드는데 사용된 미미한 금속이나 지폐의 가치밖에 없음을 분명하게 논증했다. 그렇기에 애덤 스미스는 〈국부론〉에서 '화폐는 자본가나 노동자의 수입이 될 수 없다'고 분명히 못 박는다. 화폐 자체는 다시 상품이나 노동과 자본을 구매하기 위해 손바뀜으로 나가기 때문이다.

애덤 스미스는 〈국부론〉에서 '생산적 노동'과 '비생산적 노동'을 구분했고, 상품이 가지는 노동가치는 생산적임을 전제로 한다. 다만 그러한 노동가치가 체화된 상품은 시장에서 수요와 공급에 의해 교환가치를 가지며 이는 시장가치에 의해 반드시 일치하지 않을 수도 있게 된다. 그렇게 되면 불리한 입장의 생산자는 시장의 가격신호를 바탕으로 혁신을 추구하게 된다. 애덤 스미스가 말한 Self interest가 작동하기 때문이다.

결론적으로 마르크스는 '자본주의 멸망을 가져오는' 자본의 축적을 화폐라는 엉뚱한 대상에서 찾은 것이라 할 수 있다. 아울러 시장에서 사람들은 부등가 교환을 한다고 가정하고 있다. 그로 인해 노동자가 착취당한다는 것이다. 하지만 이는 오류다. 노동자는 이미 자본가에 의해 상품의 가치 가운데 노동가치로 회수되어야 하는 부분에서 임금이라는 선불을 지급받은 것이다. 따라서 그가 생산적 노동, 즉 시장에서 교환될 수 있는 노동을 하는 한, 그는 자본가로부터 착취를 당하는 것이 아니게 된다. 애덤 스미스의 주장을 들어보자.

"(생산적) 노동자는 임금을 그의 고용주로부터 선불로 받는다 하더라도, 실제로는 그의 고용주로 봐서는 아무런 비용도 들지 않는다. 그 임금가치는 일반적으로 그의 노동이 투하된 대상의 증대된 가치 속에 이윤과 함께 회수되기 때문이다."

- 〈국부론〉 제2편 3장

생산 판매자, 즉 자본을 이용하는 자는 상품이 팔리지 않을 경우, 자신의 자본적 이윤에서 이를 차감해 할인판매를 한다. 그렇다고 해서 근로자의 임금이 같이 깎이는 것이 아니다. 즉 시장가치에 의해 부등가 교환이 이뤄진다면, 그것은 자본가의 이윤에서이지, 노동자의 노동가치가 아니라는 이야기다.

물론 애덤 스미스는 자본의 축적과 경쟁으로 자본가의 이윤율이 하락한다고 보았지만, 결국 이러한 문제는 자본가가 기업가라는 점에서 더 많은 이윤을 얻고자 하는 기업가 정신에 의한 혁신으로 극복된다. 자본을 운영하는 것도 일종의 경영에 속하기 때문이다. 따라서 모든 자본가들이 자본으로부터 이윤을 얻는 것이 아니며, 기업가 정신에 의해 그 자본이 필요로 한 이의 가치를 창출하는 자본가에게 이윤이 주어지게 된다.

〈국부론〉과 신자유주의에 대한 오해

애덤 스미스의 〈국부론〉은 종종 '신자유주의의 경전'으로 폄하되기도 한다. 신자유주의를 비난하는 이들은 비난의 근거로 '시장만능주의'를 제기한다. 즉 자본가들의 탐욕에 의해 노동자들이 부당하게 해고당하고, 사회적 약자들이 차별받으며, 사회의 공동체적 가치가 파괴된다는 주장이다. 만일 신자유주의를 '노동과 자본의 생산적 활용의 제고'라는 측면으로 이해할 수 있다면 우리는 애덤 스미스의 생산적 노동(productive labor)에 대한 의미를 다시금 새겨 봐야 한다.

애덤 스미스는 〈국부론〉에서 '생산적 노동자는 자신의 고용을 유지할 수 있다'고 말한다. 이때 스미스가 말하는 생산적이라는 의미는 자본가가 노동자에게 선불로 지급한 임금을 시장에서 자본의 이윤과 함께 회수할 수 있는 가치를 말한다. 물론 모든 자본가가 시장에서 그렇게 하지는 못한다. 자본가들에게도 능력의 차이가 존재하기 때문이다. 문제는 노동자가 충분히 생산적인 노동을 해서 좋은 물건을 만들었음에도 자본가가 수완이 없어서 이윤을 내지 못한 경우다. 그러한 자본가는 회수하는 이윤이 임금을 지불하는 것에도 못 미친다면 자신의 능력으로 생산적인 노동자들을 더 이상 고용할 수 없게 된다. 하지만 생산적인 노동자들은 그들이 만드는 상품에 시장 경쟁력이 있다면, 즉 교환가치가 충분히 존재한다면 다른 자본가에 의해 고용된다. 이런 경우는 대개 기업의 인수합병을 통해 이뤄지는데, 이때 고용의 승계여부는 노동자의 숙련도와 생산성에 의해 이뤄질 수밖에 없게 된다. 다시 말해 생산성이 서로 다른 노동자들을 고용하고 있던 자본가가 이윤을 남길 수가 없게 되어 피인수합병이 이뤄질 때, 생산성이 높은 노동자들부터 고용이 유지된다고 할 수 있다. 만일 그것이 부당하다면 그 기업은 끝내 이윤을 내지 못해 파산할 것이고, 파산된 기업의 노동자들은 아무도 임금을 받지 못하게 된다. 이것이 신자유주의의 문제라면 그 문제는 인류가 어떤 시스템을 만들어도 해결되지 않는 문제가 된다.

애덤 스미스는 〈국부론〉에서 '자산과 자본이 몰리고 경쟁하는 곳에서는 자본가의 이윤율이 떨어지고 임금은 상승한다'고 말한다. 이 부분은 애덤 스미스의 탁월한 성찰이 아닐 수 없다. 우리는 중소기업보다 자산과 자본이 더 축적되어 있는 대기업이나 금융회사들의 임금이 더 높다는 사실을 잘 알고 있다. 그래서 대기업을 선호하는 이들 간에 경쟁이 치열하다. 그렇다면 대기업은 중소기업보다 높은 임금을 줄 이유가 있을까. 오히려 삼성과 같은 회사는 중소기업 정도의 급여만 주어도 입사하겠다는 사람이 많지 않을까. 그럼에도 그런 대기업의 임금이 높은 이유가 있다. 신자유주의를 비난하는 이들에게는 이러한 점을 설명할 논리가 없다.

한 기업에 자본이 고도로 축적될수록 기업들은 그 자본을 효율적이고 생산적으로 사용하기 위해 생산적인 노동자들에 대한 수요가 많아진다. 그것은 동네 철공소보다 포스코가 더 많은 근로자를 고용하고 있는 점으로부터 직관적으로 알 수 있다. 그렇다면 그런 대기업에는 생산적인 노동자들만 고용되고 그들의 임금만 오르게 될까. 이것이 자본주의 경제의 미스테리라 할 수 있다.

노동자들에게 각자 생산성의 우열이 있을 경우, 자본축적이 고도화된 기업들은 먼저 생산성이 높은 노동자들부터 채용하려 경쟁하게 된다. 그렇기에 제일 먼저 생산성이 높은 노동자들의 임금이 오른다. 그렇게 되면 이제 1등급 생산성을 가진 노동자들을 보조할 중간이나 하급 생산성을 가진 노동자들이 필요하게 된다. 높은 생산성이란 높은 숙련도와 전문화를 의미하기에 자본가들은 그런 노동자들이 부가가치가 낮은 잡일을 하는 것은 자본의 손실이라고 생각하기 때문이다. 쉽게 생각해서 고급 R&D연구소에 급여가 비싼 박사급 연구원들을 뽑아 놓고 그들에게 청소까지 맡기는 자본가는 없다는 이야기가 된다. 그런 이치로 자본의 사이즈가 커지고 경쟁이 치열한 곳에서는 전체적으로 고용이 늘고, 임금이 오르게 된다. 포스코나 현대차 공장이 있는 포항과 울산의 경우, 취업률이 높고 주민 소득이 높은 이유가 그렇다.

거대 자본들이 생산에 참여하면 수많은 분업들이 일어나고 이로 인해 생산성이 높은 노동자로부터 미숙련 노동자들까지 모두 그 혜택을 입는다. 이러한 이치는 왜 자본주의 사회에서 자본이

고도화됨에 따라 노동자들이 착취를 당해 혁명을 일으키지 않는 가라는 의문을 해결해 준다. 자본이 증가하고 고도화되면 노동자들의 노동시간도 짧아지고, 근로조건도 좋아진다. 그것은 사양이 낮은 컴퓨터로 작업을 하는 것보다 높은 사양의 컴퓨터로 일을 하면 더 작업이 수월하고 많은 일을 할 수 있는 것과 같다. 우리나라 노동자들의 근로시간이 다른 선진국들에 비해 긴 이유는 신자유주의 때문이 아니라, 그들보다 자본의 축적이 적기 때문이다. 그렇기에 그들과 같은 생산성을 갖추기 위해서는 그들보다 더 오래 일을 하게 되고 일이 힘들어 진다. 그것은 노동자들이 같은 임금의 수준이라도 중소기업 보다는 대기업을 선호하게 되는 이치와 같다. 일이 더 수월하도록 많은 자본이 투자되어 있기 때문이다.

자유방임의 진정한 의미

"스스로 가장 이롭다고 판단되는 방식으로, 산업에 자신들의 모든 생산과 자산을 투입하는 위대한 이들에 대해, 그러한 것을 금지시키는 것은 인류가 가진 가장 고귀한 권리를 명백하게 위반하는 것이다."

– 〈국부론〉 제2권 1장

우리는 흔히 등대가 공공재이므로 국가에 의해 만들어졌을 거라고 생각한다. 하지만 노벨경제학상을 수상한 로널드 코스는 유럽에서 등대는 18세기에 부두 하역업을 하는 업자들이 무역선을 서로 자신들의 부두로 유도해 그 하역으로 돈을 벌고자 하는 동기로 세워졌음을 밝혀냈다. 즉 이윤추구의 상업적 동기가 배들에게 안전한 등대를 만들게 된 것이다.

따지고 보면, 인류에게 큰 이익을 선사한 발명들은 개인들에 의해 이뤄졌다. 증기기관의 제임스 와트나 전등을 발명한 에디슨 등은 모두 사업가 기질이 충만한 이들이었다. 이들은 자신들의 발명품을 사업화하고자 자신들의 모든 재산을 쏟아 붓고 빚도 마다하지 않았다. 최근 새로운 에너지 혁명을 맞고 있다는 셰일가스에는 마지막 파산의 위험을 무릎 쓰고 자신의 전 재산을 바쳐 뛰어든 기업인들의 영웅담들이 넘쳐나고 있다. 애덤 스미스는 이러한 이들에게 'Great men'이라는 찬사를 붙였다. 당시에 그들은 미국으로 건너가 맨손으로 부를 개척한 이들이었다. 애덤 스미스는 〈국부론〉에서 영국 정부가 미국의 식민 개척자들에게 불리한 규제와 세금을 부과하는 것에 반대했을 뿐만 아니라, 이를 죄악시하기까지 했다.

애덤 스미스는 우리가 아는 방식의 자유방임주의자가 아니었다. 사실 18세기 유럽에서 Laissez-faire, 즉 자유방임으로 알려진 사상은 한국에서 심각한 오해를 받고 있다. 레쎄페는 '마음대로 하게 내버려 두라'라는 의미가 아니라, '어차피 될 것은 되게 하라'라는 의미를 갖고 있는 말이다. 영어로 번역하면 'Let it be done'에 해당한다. Laissez-faire라는 말은 1682년 프랑스의 유력한 중상주의 재무장관 콜베르(Jean-Baptiste Colbert)가 무역업을 하는 상인들을 초대해 "무엇을 도와주면 되겠는가?"라고 물었을 때 나온 대답이었다고 전해진다. 당시 그 내용은 정부가 간섭하지 말라는 의미보다는 어차피 관세를 매기고 수입을 금지하더라도 '될 것은 되고, 되지 않을 것은 되지 않는다'는 의미였다. 애덤 스미스는 그러한 원리에 대해 '재산세를 부과하면 사람들은 재산을 숨기기에 소용이 없다'는 말로 표현한다.

애덤 스미스는 그러한 이유로 관세나 세금은 꼭 필요한 부분을 위해 필요한 만큼, 즉 사법적 정의를 세우는 일과 군대의 유지, 주권(국왕)을 유지하는데 최소한의 필요에 그쳐야 한다고 주장한다. 그렇지 않게 되면 한 나라의 자본은 비생산적인 부분에 편입되어 반드시 그 손실이 생기게 되고 부유함이 사라진다고 보았기 때문이다. 다만 그가 주장하는 바에서 자유방임이란, 무법천지를 허용하라는 것이 아니라, 생산자와 자본가들이 자신의 성공을 위해 노력할 때에는 신중하게 자본을 사용하게 되는 것이 원리이므로 국가가 간섭할 필요가 없다는 의미였다. 아울러 그러한 간섭과 규제는 신이 인간에게 부여한 자연적 사회질서를 위반하는 것으로 보았다. 그것은 애덤 스미스의 이 유명한 구절로 등장한다.

"그들 부자들은 가난한 이들보다 더 많이 소비하는 것도 아니다. 비록 그들이 천성적으로 이기적이고 탐욕적이면서 자신의 편의를 도모할 뿐이라 하더라도, 또한 비록 그들이 고용한 수천 명의 노동자들로부터 추구하는 유일한 목적이 자신들의 허영과 만족할 수 없는 욕망 충족에 불과하다 할지라도, 그들은 모든 발전의 성과들을 가난한 이들과 나누어 가진다. 그들은 '보이지 않는 손'에 이끌려서 토지가 그곳의 거주자들 모두에게 균등하게 나누어 주어질 때 생길 수 있는 것처럼 생활필수품들을 분배한다. 그렇게 함으로 인해 의도하지도 않고 그리고 알지도 못한 상태에서 사회의 이익을 도모하고 인류 번영의 기반을 제공하게 된다."

— 〈국부론〉 제4권 제3장

제2장

늘어나는 국가지출, 비대한 정부의 모순

"공공도로와 다리, 운하 등이 상업을 하려는 이유로 조성될 때, 그것은 상업이 필요로 하는 곳에만, 즉 적절한 곳에만 조성된다. 그 비용은 상업이 지불할 수 있을 정도에 적절하게 설치될 것이다. 장대한 공도를, 상업이 이루어지지 않는 벽지를 통과하도록 건설될 수는 없다. … 하지만 유럽의 몇몇 지방에서는 이런 종류의 사업이 사업 자체가 제공하는 것과는 다른 수입으로 영위되는 나라들에서 일어난다. … 국채가 일단 어느 정도 축적되면, 내가 믿는 바로는 공정하고도 완전하게 상환된 예는 한 번도 없다. 공공수입 채무로부터의 해방은 그것이 이루어진 적이 있었다 해도 언제나 파산에 의해서였다. 때로는 공언된 파산에 의한 적도 있었고, 때때로 상환을 가장하지만 사실은 언제나 파산에 의해 달성된 것이었다."

- 〈국부론〉 제5편

애덤 스미스는 공공재의 공급이 반드시 한 나라의 경제를 해치는 것은 아니라고 보았다. 그는 상업을 위해 세금으로 짓는 다리와 공도(公道)는 결국 소비자의 상품가격에 전이되어 이를 상승시키는 효과가 있지만, 그러한 인프라를 활용해 상인으로서는 물류비용이 감소하기 때문에 가격을 내리는 효과도 있음을 지적한다. 따라서 국가 수입에 의한 공공재의 보급은 각 나라의 사정에 따라 다르기 마련이다.

그럼에도 애덤 스미스는 공공재를 짓기 위한 조세와 공공부채가 통제되지 않을 경우, 그 사회의 생산적 자본과 부를 잠식하게 될 수 있음을 날카롭게 경고하고 있다. 이는 반드시 공공재에 국한되는 문제가 아니다. 국가의 재정으로 시행하는 복지 역시 과도한 공공지출로 인해 정부 파산의 위기를 몰고 온다. 무엇보다 공공지출이 경제의 건전성을 해치기 쉬운 것은 그 지출에 책임이 없다는 점인데, 이는 애덤 스미스가 〈국부론〉에서 "공공도로의 통행료를 이해관계가 없는 정부위원의 관리 하에 둔다면 통행료는 아마 장식적이고 불필요한 지출에 쓰이고, 사업의 가장 기본적인 부분은 황폐하게 방치될 것"이라고 경고한다. 이러한 문제는 오늘날 과거와는 비교할 수 없을 정도로 공공재정이 팽창된 복지국가들의 함정이 되고 있다. 정부의 부채는 애덤 스미스가 지적했듯이 상환되기 보다는 더 큰 빚으로 교체되는 경향이 있다. 그렇게 하려면 정부는 국공채의 이자율을 올려야 한다. 이는 민간 경제에 어려움을 주게 된다. 애덤 스미스는 정부의 공공사업은 반드시 그로 인해 시장이 커지는 쪽으로 이뤄져야 함을 주장한다.

국가가 부채로 지출하는 재원은 민간에서 조달하는 자본이기에 만일 정부가 시장의 확대를 목적으로 하지 않는 지출을 늘리면 이는 자본을 비효율적으로 사용하는 것이 되고, 결국 민간에서 생산적으로 사용할 자본이 그만큼 줄어들게 된다. 애덤 스미스는 그러한 점을 이미 200여 년 전에 파악하고 있었던 것이다. 오늘 현대 경제학은 애덤 스미스가 〈국부론〉에서 고찰한 이러한 내용을 '공공선택론'이라는 분야로 연구하고 있다. 아울러 정부의 부채가 민간의 생산적 자본을 사라지게 하는 원리에 대해서는 노벨 경제학상을 수상한 밀턴 프리드먼(Milton Friedman)에 의해 구축효과(crowding out effect)로 알려져 있다.

규제의 확산과 반기업 정서

200여 년 전에 쓰여진 〈국부론〉에 비추어 보면 현대 각국 정부들의 시장규제와 반기업 정서가 글로벌 경제에 도움이 되지 않는다는 사실을 잘 알 수 있다. 정부의 시장규제는 시장에서 일어나는 일들을 정부 관료들이 모두 알지 못한다는 인지적 한계로 인해 실패하는 경향이 있다.

이러한 문제에 대해 애덤 스미스는 정부의 규제는 시장에 참가해서 각자의 판단으로 각자에게 좋은 것을 선택하는 이들에게 정부가 무엇이 좋은 것인지 알려주는 쓸데없는 행위라는 점을 지적한다. 애덤 스미스는 규제가 근로와 자본 모두에게 해가 됨을 다음과 같이 설명한다.

"사회의 근로는 그 사회의 자본이 증가하는 데 비례해서만 증가할 수 있고, 또 그 자본은 그 수입에서 차츰 절약할 수 있는 것에 비례해서만 증가할 수 있다. 그러나 모든 규제의 직접적인 효과는 그 사회의 수입을 감소시키는 것이며, 그것은 자본과 근로가 그 자연스러운 용도를 찾아내도록 방임된 경우보다 빠른 속도로 그것들을 증가시킬 일은 거의 없음이 확실하다."

― 〈국부론〉 제4편 제2장

우리는 근로자의 임금이 자본가가 교환가치로 시장에서 회수하는 이윤 속에 포함되어 있다는 애덤 스미스의 설명을 이미 검토했다. 따라서 정부가 시장에 생산과 교환을 규제할 경우, 자본가는 자신의 이윤은 물론, 노동자를 고용해 지불할 임금도 회수할 수 없게 된다. 즉 고용이 일어나지 않게 되는 것이다. 이러한 문제에 대해 자본주의를 비판하는 입장에서는 '기업들의 부도덕과 탐욕'을 규제의 당위로 제기하기도 한다. 물론 그런 악덕 자본가도 존재한다. 하지만 그런 자본가를 처벌하라고 법이 존재한다. 만일 규제가 만능이라면 우리는 구태여 법을 가질 이유가 없다. 규제와 처벌은 다른 것이며, 소비자를 속이는 악덕 자본기업은 시장에서 잠시 존재할 수는 있으나 오래 버틸 수가 없다. 이러한 문제는 기업들의 자본이 커지면 커질수록 더욱 바람직한 방향으로 해결된다. 큰 자본을 동원하는 자본가일수록 법을 지키려고 하는데, 그 이유는 한탕주의식 경영을 했다가 적발되면 그 잃게 되는 것이 너무나 크기 때문이다. 즉 수지가 맞지 않는 것이다. 이러한 원리는 우리가 대기업 제품에 대해 무명의 중소기업 제품보다 신뢰를 두게 되는 이유가 된다. 물론 중요한 것은 자본주의가 발전하는 사회일수록 법과 정의가 엄정하게 살아있어야 한다는 것이고, 정치권력과 자본이 서로 결탁해서 이권을 추구하는 정실자본주의(crony capitalism)를 배격해야 한다는 점이다. 다만 그러한 정의의 원칙에서 벗어나 자본을 가지고 고용과 생산을 담당하는 기업을 이념적으로 배격하는 행위는 스스로 가난하게 살겠다는 의지를 표현하는 것에 다름이 아니게 된다.

경제민주화의 오류

〈국부론〉은 우리에게 시장경제에 자유가 있어야 부가 창출된다는 사실을 알려준다. 노동과 자본은 그 자연적 쓰임새, 즉 수요를 따라야 교환가치를 통해 이윤과 임금을 얻을 수 있기 때문이다. 그러한 자본주의 시장경제 사회에서는 자연스럽게 경제적 불평등이 등장하게 된다. 자본가나 노동자 모두 능력이 동일하지 않기 때문이다.

애덤 스미스는 생산보다 분배를 우선시하는 사회는 자본의 성장이 이뤄질 수가 없어 정체상태에 빠진다는 점을 다음과 같이 설명한다.

"연간 생산물의 교환가치가 연간 소비를 초과하고 있다면 그 사회의 자본은 이 초과에 비례하여 해마다 증가할 것이다. 이 경우 그러한 사회는 수입(분배)의 범위 안에서 생활하는 것이며, 그 수입 중에서 매년 절약되는 것은 당연히 자본에 추가되어 연간 생산을 늘리게 된다. 만일 반대로 연간 생산물의 교환가치가 연간 소비의 교환가치에 미치지 못한다면, 그 사회의 자본은 부족함에 비례해서 해마다 감소하지 않을 수 없게 된다."

– 〈국부론〉 제4편, 제3장

애덤 스미스의 이러한 설명은 우리가 생산한 것 이상으로 분배할 수 없다는 점을 잘 알려준다. 그러한 분배가 있더라도, 결국 이듬해의 생산이 올해 보다 증가하려면 절약과 저축이 있어야 가능하다는 이야기다. 따라서 한 사회가 경제민주화를 이유로 성장보다 분배를 우선시 할 경우, 그 사회내의 생산적 자본은 감소하게 되고, 그 결과 생산성이 낮아져서 분배할 수 있는 파이는 더욱 작아지게 된다. 그렇게 되면 사회적 갈등은 더욱 깊어진다. 성장의 파이가 골고루 분배되려면, 산업 전반에 자본이 계속 늘어야 하고 이 자본들이 서로 경쟁관계에 있어야 한다. 그래야만 노동자들의 임금과 고용도 늘어난다. 즉 경제 민주화가 아니라, 경제 자유화가 전제되어야만 〈국부론〉에서 말하는 '자본의 생산적 이용'이 늘어나고 노동의 부가가치도 증대된다는 사실을 애덤 스미스는 보여주고 있는 것이다. 물론 이 과정에서 자본가든, 노동자든 절약과 저축이 있어야 한다. 스미스는 '부는 언제나 저축을 통해서만 이뤄진다'고 여러 차례 각 나라들의 실정과 사례를 통해 설명하고 있다.

생산적 노동과 생산적 자본의 부족

〈국부론〉에서 여러 차례 언급되는 내용 중에는 '생산적 노동'이 있다. 애덤 스미스는 노동에는 생산적 노동과 비생산적 노동의 두 형태가 있음을 지적한 후, 자본가의 이윤과 함께 상품의 교환가치에 의해 시장에서 회수되는 노동가치, 즉 임금이 회수되는 노동을 '생산적 노동'이라고 정의한다. 이러한 생산적 노동은 동시에 자본에 의해 그 생산성이 더욱 높아진다. 그러한 예를 살펴보자.

1980년대만 하더라도 남대문과 동대문에는 지게꾼이라는 직업이 있었다. 그런데 어느 사이엔가 지게꾼들은 더 이상 보이지 않게 됐다. 그것은 지게꾼이 사라진 것이 아니라, '딜리전트'라는 직업으로 바뀐 것이다. 그들은 과거의 지게 대신 오토바이나 자전거를 이용해 짐을 나른다. 즉 과거 지게라는 자본이 간이 운송 차량으로 바뀐 것이다. 이것은 애덤 스미스가 말한 '자본의 축적'에 해당한다. 그 결과 동대문 딜리전트들은 과거의 지게꾼보다 더 많은 짐을 더 멀리 더 편하게 운송하게 되어 그만큼 노동의 생산성이 증가하게 됐다. 따라서 소득도 지게꾼이었을 때와는 비교할 수 없을 만큼 높아졌고, 노동의 질과 삶의 질도 향상된 것이다.

이렇듯 자본은 노동의 친구로서 노동을 착취하는 것이 아니라, 노동을 더욱 가치 있게 하고 수월하게 한다. 생산적 노동은 결국 자본에 의존한다는 점은 과거 소를 끌고 논을 경작하는 대신 경운기를 사용해서 더 많은 수확을 올리게 되는 이치와 같다. 이렇듯 생산적 노동이 자본에 의존하게 되면 노동자는 그 자본의 이용을 높이기 위해 과거보다 많은 지식이 요구된다. 따라서 자본축적과 이용이 고도화되면 노동자의 지식도 고도화되어서 결국 지식산업 시대로 진입하게 된다는 점은 경영학의 아버지 피터 드러커가 이미 1960년대에 〈넥스트 소사이어티〉에서 예견했다. 이는 현재 선진국들의 경제에서 지식노동이 창출하는 부가가치가 전체 부가가치에서 차지하는 비중이 높아지고 있다는 점으로도 설명된다. 이러한 생산적 노동과 비생산적 노동 간에 격차가 늘어나고 있는 사실이 오늘날 소득 불평등에 한 중요한 원인을 차지한다는 점은 여러 연구자들의 논문에서도 등장한다.

　이렇듯 세계경제가 지식산업의 시대로 진입하면 많은 기업들도 그에 맞춰 구조조정을 하게 된다. 이때 노동시장에 유연성이 부족하면 기업은 자신의 자본만으로는 부를 창출할 수가 없게 된다. 자본은 스스로 부를 창조하는 것이 아니라, 반드시 노동과 결합되어야만 하기 때문이다. 하지만 2008년 글로벌 금융위기와 유러존 국가들이 재정위기를 겪은 후 선진국이든 개발도상국들이든 이를 신자유주의의 문제로 이해하면서 전 세계적으로 노동시장의 유연화에 대한 저항이 만만치 않은 것도 사실이다. 그렇게 되면 자본가들은 자본의 확충을 기할 수가 없다. 즉 생산적 노동의 부족이 생산적 자본의 부족을 함께 동반하게 되는 것이고, 그 결과 경제는 좀처럼 획기적인 회복을 하기 어렵게 된다..

제3장
교육혁신의 부재와 휴먼 캐피털의 부족

애덤 스미스는 〈국부론〉에서 국가와 교회들로부터 지원을 받는 대학들의 문제점을 신랄하게 지적한다. 애덤 스미스는 스코틀랜드의 글래스고 대학을 졸업하고 영국 옥스퍼드에 진학했을 때 교수들의 나태함과 진부한 강의에 대해 크게 실망했던 적이 있다. 스미스는 친구에게 보내는 편지에서 "글래스고 대학에서는 매일 강의가 있지만, 이곳에서는 하루 두 차례 예배에 참석하는 것과 주 2회 강의밖에는 없다"고 썼다. 스미스는 스코틀랜드의 대학에서는 교수의 수입이 전적으로 학생들의 수업료에 의존하기 때문에 교수들이 강의를 철저하게 준비하며 학생들에게 첨단의 지식을 전수하려고 하는 반면, 국가와 교회의 지원을 받는 옥스퍼드에서는 교수들에게 그러한 열정과 부지런함이 없다는 점을 지적한다. 더구나 가르치는 내용도 스코틀랜드의 대학들 보다 한참 뒤떨어져 있음도 지적한다. 그는 〈국부론〉에서 이렇게 말한다..

"옥스포드에서는 이제 교수들이 가르치는 시늉조차도 포기한 것으로 보인다. … 학교와 대학의 기부재산은 이렇게 공적인 교수들의 부지런한 노력을 저해했을 뿐만 아니라, 뛰어난 사적인 교수들(학생들로부터 직접 수강료를 받는 교수)조차 구할 수 없게 만들었다."

– 〈국부론〉 제5편

애덤 스미스는 국가지원의 공교육 시스템을 비판하고 학교에 대한 학생들의 수업권을 강조했다. 그는 사립학교들도 충분히 잘 가르칠 수 있으며, 특히 직업교육에 있어서 그러한 사립학교들의 뛰어난 역할을 강조했다. 스미스의 이러한 공교육에 대한 비판은 교육이 노동의 생산성과 관계있다는 점에서 우리에게 많은 것을 시사한다. 현대 경제가 점점 지식을 부의 원천으로 다루기 시작하면서 지식산업의 방향으로 전개되어 가기 때문이다.

이러한 점은 고전경제학에서 정의하는 노동에 대해 새로운 성찰을 준다. 즉 애덤 스미스가 〈국부론〉에서 강조한 '생산적 노동'은 본질적으로 노동자의 지식과 관련이 있다는 점에서다. 따라서 현대 경제학에서는 노동자를 인적자본(human capital)으로 보는 관점이 설득력을 얻어간다.

과거 농업사회에서는 토지와 수확물이 자산의 역할을 하며, 그 잉여분이 자본으로 전환돼 산업혁명이 이뤄졌고, 산업혁명은 반도체와 같은 자산을 자본으로 하면서 정보통신 혁명을 이끌었다. 이제 정보산업의 완숙은 데이터라는 새로운 자산들을 자본으로 편입시키면서 빅데이터 영역을 또 다른 산업혁명의 바탕으로 삼고 있는 것이다. 이러한 시대적 흐름은 앞으로 데이터에 대한 이해와 분석, 그리고 성찰이 부를 창출하는 생산적 노동이 되리라는 점에서 지식 노동자의 위상은 점점 커질 수밖에 없게 된다. 이러한 이유로 미래 경제의 세계에서는 교육혁명에 성공한 국가들이 인적자본을 통해 더 많은 성장을 이룰 것으로 전망된다. 애덤 스미스의 〈국부론〉에서 이제 노동은 더 이상 인간의 육체적 노동을 뛰어 넘게 되는 것이다.

문제는 우리 한국의 인적자본의 미래가 밝지 않다는 점이다. 세계경제포럼(WEF·일명 다보스포럼)이 2013년 처음으로 국가 간 인적자원 경쟁력을 조사한 결과 한국은 123개국 가운데 23위를 차지했다. 비교적 상위권에 드는 결과이기는 하지만, 우리의 대학 교육내용과 기업의 요구 간에 발생하는 미스매치로 기업에서는 생산적 인력을 구하기 어렵다는 평가가 주를 이룬다. 특히 평균 기대수명이 늘어나는 상태에서 청년들은 일찍이 근로를 시작해야 자신의 노후를 유지할 수 있기에 고교에서부터 생산적 인적자원 교육이 이뤄져야 한다. 그러한 점은 〈국부론〉의 기저가 되는 생산적 노동가치의 중요성에 비추어 보아도 타당하다.

제5부

애덤 스미스의 사상과
남은 숙제

애덤 스미스는 누구인가

애덤 스미스는 스코틀랜드 파이프 주의 커콜디에서 아버지 애덤 스미스(동명)와 어머니 마거릿 더글러스 사이에서 태어났다. 법률가이자 관리였던 아버지는 스미스가 태어나기 6개월 전 세상을 떠났다.

스미스는 1729~1737년까지 당시 스코틀랜드에서 가장 좋은 초급 학교들 가운데 하나인 커콜디의 버그 스쿨을 다녔다. 버그 스쿨을 마치고 14살 때 글래스고 대학에 입학해 주로 도덕철학을 공부했고, 1740년 장학금을 받아 옥스퍼드 벨리올 칼리지로 갔지만 옥스퍼드의 교육에 실망했다. 교수들의 열의와 수준, 학문적 개방성에서 글래스고 대학에 못 미친다고 보았던 것이다.

1746년 그는 학위를 마치지 않고 옥스퍼드를 떠났다. 1748년부터 스미스는 에든버러에서 공개강연을 하면서 제법 큰 인기를 모았다. 1750년 그는 10살 이상 나이가 많은 데이비드 흄과 처음 만나 두터운 교분을 쌓았다. 역사, 정치, 철학, 경제, 종교 등 다방면에서 그들은 밀접하게 지적으로 교류했다. 1751년 스미스는 글래스고 대학 논리학 담당 교수가 되었고, 이듬해 도덕철학 담당 교수가 되었다. 이후 10여 년 간 계속된 교수 생활을 스미스는 '가장 유익했고 행복했으며 명예로운 시기였다'고 회고했다.

애덤 스미스의 사상, 스코틀랜드 계몽주의

어떤 학문에도 철학적 기반이 존재한다. 따라서 애덤 스미스의 〈국부론〉에도 당연히 그러한 사상적 기반이 존재하기 마련이다. 그러한 스미스의 사상적 계보는 스코틀랜드 계몽주의라고 불리는 독특한 위치에 자리잡고 있다.

스코틀랜드 계몽주의는 18세기경 에든버러를 중심으로 꽃피어난 합리적 경험주의 사상이다. 이는 프랑스 혁명의 자양분이 되었던 공리주의적 합리주의 바탕의 프랑스 계몽주의와는 그 흐름을 달리했다. 프랜시스 허치슨, 알렉산더 켐벨, 데이비드 흄, 애덤 스미스, 토머스 리드, 로버트 번스, 애덤 퍼거슨, 존 플레이페어, 조셉 블랙, 제임스 허튼과 같은 이들을 중심으로 형성된 스코틀랜드 경험주의는 인간 이성의 완벽성에 대한 확신이 아니라, 경험적 질서를 비판적 이성에 의해 성찰하는 전통을 가졌다. 그러한 방법론에 의해 스코틀랜드 계몽주의는 과학의 발전에 크게 기여하게 된다. 오늘날 우리가 '웨스턴'이라고 부르는 서양의 정체성은 사실 이 스코틀랜드 계몽주의에 의해 완성되었다고 해도 과언이 아니다. 이들은 인간 사회 안에도 자연적 질서가 존재한다고 생각했으며 그러한 사고는 '문화적 진화론'의 토대를 만들었다. '종의 기원'을 통해 자연 진화론의 선구자가 되었던 찰스 다윈은 스코틀랜드 에든버러 지식인들의 토론 모임인 사변협회(Speculative Society)

를 통해 진화론에 대한 영감을 얻었다. 이후 영국 철학자 스펜서는 다시 다윈의 진화론을 사회적 진화론으로 주장하기도 했다.

스코틀랜드 계몽주의에는 공동선(善)에 관한 독특한 이론이 있었다. 즉 정의(justice)란 선험적 원리로 구성되는 것이 아니라, 공정한 제3의 관찰자가 권리의 침해를 입었다고 주장하는 자에 대한 공감의 정도로 이루어진다는 생각이 그것이다. 이를 '도덕감정(Moral sentiment)'이라고 한다. 애덤 스미스는 경제학자 이전에 그러한 도덕철학을 연구했던 도덕철학자였다. 그렇기에 오늘날 애덤 스미스를 연구하는 학자들은 그의 〈국부론〉과 또 다른 저서 〈도덕감정론〉과의 연계성을 밝히는데 주력한다. 하지만 확실한 결론은 아직 나지 않았다.

〈국부론〉의 보이지 않는 손은 신(神)의 손인가?

애덤 스미스는 〈국부론〉에서 교환의 원리와 경쟁의 원리가 시장 질서를 창출하는 점에 대해 그 충돌의 가능성을 '보이지 않는 손'이라는 독특한 원리로 해결한다. 이는 애덤 스미스를 비판하는 많은 이들과 그를 긍정하는 이들 사이에 치열한 논쟁이 되고 있다. 비판자의 입장에서는 스미스의 '보이지 않는 손'은 그리스 고전 연극에 등장하는 데우스 엑스 마키나(두 주인공의 갈등이 해결되지 않을 때 신이 등장해 해결하는 것)에 지나지 않는다고 볼 수 있다. 반면 이를 긍정하는 이들은 그것이 자연법적 질서 안에 있는 '신의 섭리'라는 관점을 취한다. 이때 신(神)이란 이신론(理神論)적 입장의 신이다. 따라서 애덤 스미스의 철학에는 플라톤의 초월적 선험주의 전통이 관통하고 있음을 알 수 있다. 이는 16세기 자연법 철학으로 근대 자연권 사상의 한 획을 그은 그로티우스(Hugo De Groot)의 명제, '신은 인간에게 자유의지를 부여할 때, 거기에 합당한 법(law)도 주었다'는 것으로 압축된다. 이러한 스미스의 자연법적 사고는 그가 '자연가격'이라고 부르는 개념 안에도 존재한다. 이를 플라톤적으로 해석해 본다면 스미스의 자연가격은 변동하는 시장가격의 이데아(idea)라고 할 수 있다. 과연 그러한 가격은 존재하는 것일까. 만일 우리가 그러한 애덤 스미스의 사상적 배경을 무시한다면 보이지 않는 손과 같은 개념도 폐기해야 한다. 이 문제는 시장의 원리(principle)와 초월적 섭리(providence)간의 문제가 된다. 상당히 어렵고 난해한 관계를 암시하는 것이다. 하지만 애덤 스미스의 〈국부론〉이 제기하고 있는 전체적 패러다임은 오늘날 시장경제를 더 없이 잘 설명해 낸다. 이러한 점이 〈국부론〉을 더욱 미스테리하게 만드는 것이며 지금도 끊임없이 연구에 연구가 그치지 않는 원인이기도 하다.

애덤 스미스의 전통을 이어받은 오스트리아 경제학파의 미제스와 하이에크는 스미스의 보이지 않는 손에 대한 직접적인 언급이나 해석이 없다. 다만 시장에 참가하는 수많은 사람들의 행동이 의도하지 않은 질서를 만든다는 전제하에 시장적 질서를 자발적으로 형성되는 '자생적 질서'(Spontaneous order)의 한 모습으로 이해하는 점은 분명해 보인다. 다만 그러함에도 그러한 자생적 질서가 조화를 통해 안정적인 균형점을 지향하는 것인지의 여부는 분명하지 않다. 이에 대해 오스트리아 경제학의 또 다른 거장 머레이 라스바드(Murray Rothbard)는 애덤 스미스에 대해 '모호하고 과장된 이론'이라는 비판을 제기한다. 라스바드는 애덤 스미스가 당시 스코틀랜드의 장로교의 영향력 하에 있었고, 이들의 비판을 피해가기 위해 일정 부분 신의 섭리라는 메카니즘으로 타협을 보았다는 입장을 피력한다. 하지만 철저한 무신론자였던 데이비드 흄이 애덤 스미스의 〈국부론〉에 대해 찬사를 마다하지 않았던 점은 역시 수수께끼로 남는다.

참고 문헌

- 김광수, 「애덤 스미스: 식민지 정책과 경제발전」, 『경제학연구(經濟學硏究)』, Vol.59 No.2, 2011.
- 김봉수, 「아담 스미스의 경제사상에 관한 연구: 『도덕감정론』을 전제한 국부론의 이해를 중심으로」, 『총신대논총』, 제32집, 2013.
- 이상헌, 「애덤 스미스(Adam Smith) 경제학의 철학적 기원: 경제적 사회적 질서 개념을 중심으로」, 『경제학연구(經濟學硏究)』, Vol.57 No.1, 2009.
- 장오현, 「국부론(國富論)이 던지는 메시지」, 『제도와 경제』, Vol.7 No.2, 2013.
- 애덤 스미스, 유인호 역, 국부론, 동서문화사, 2015.
- Manfred J. Holler, "Adam Smith's Model of Man and Some of its Consequences", *Institute of SocioEconomics*, University of Hamburg, Germany, 2006.
- R. H. Coase, "Adam Smith's View of Man", *Graduate School of Business*, The University of Chicago, 1976.

딱 맞게 풀어쓴 **국부론**

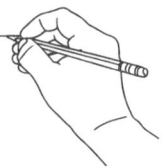

초판 1쇄 인쇄 | 2020년 4월 1일
초판 1쇄 발행 | 2020년 4월 10일

지 은 이 | 한정석
발 행 인 | 최승노

기획·마케팅 | 박지영
편집 | 인그루출판인쇄협동조합
디자인 | 인그루출판인쇄협동조합

발 행 처 | 자유기업원
주　　소 | (07236) 서울시 영등포구 국회대로62길 9 산림비전센터 7층
전　　화 | 02-3774-5000
홈페이지 | www.cfe.org
E - mail | cfemaster@cfe.org
I S B N | 978-89-8429-170-6 03300
정　　가 | 10,000원

낙장 및 파본 도서는 바꿔 드립니다.
이 책 내용의 전부 또는 일부를 재사용하려면 반드시 자유기업원의 동의를 받아야 합니다.